台湾探見

Discover Taiwan

ちょっぴりディープに台湾《フォルモサ》体験

片倉真理 著 ✿ 片倉佳史 写真

ウェッジ

まえがき

ディープな台湾旅《たび》のススメ

台湾に暮らしていると、毎日が刺激と発見の連続である。たとえば、市場や屋台や食堂などでは、そこで働く人々を見ているだけでも元気が湧いてくる。これは、勤勉であることはもちろん、前向きな考え方をしている人が多いことも理由だろう。当然ながら、どの国でもそういった人たちはいるが、台湾は気軽に声を掛け合い、やり取りを交わす土地柄である。旅人であってもそういった場所に入れてもらうことができる。

台湾の人々はおおむね勤勉で、かつ穏やかな性格。そして、仕事と遊びのバランスが取れている人が多い。また、あくまでも個人的な印象だが、世代や族群（エスニックグループ）を問わず、「楽しむことの天才」が多いようにも思える。自らのスタイルをしっかりともち、自分のペースで毎日を生きる。他人に対しても素直に、そして自然体で接する。

台湾には多くの族群が存在し、世代によっても思想や考え方は千差万別である。これは台湾を理解する上で、非常に重要なことであると同時に、興味が尽きないポイントでもある。本書ではそういった部分にも触れながら、台湾の魅力を探っていきたいと思う。

「取材」の切り口で楽しんでみては？

「知れば知るほど面白みと楽しさが増してくる」。台湾の魅力をそう表現する「台湾好き」は少なくない。これは台湾に暮らしていたり、留学や駐在経験のある人なども異口同音に指摘することである。

では、どのように旅を楽しむのが良いだろうか。旅には人それぞれのスタイルがあり、楽しみ方があるものだが、私たち夫婦の場合、縁あって「取材する」という切り口で台湾と接する機会を得てきた。本書ではそういった目線で感じた台湾を紹介してみたい。

参考までに、台湾旅に欠かせないと思われるアイテムをいくつか挙げておきたい。まずは、カメラ。最近は携帯電話で代用する人も多いが、接写や望遠、色調整などができるメリットや、充電が切れた場合のことを考えると、やはりカメラを一台持ち、携帯電話と併用するのがおすすめだ。

次に、ICレコーダー。旅で出会った相手が言葉を教えてくれたり、面白い話をしてくれたりした時には録音し、記録しておこう。時には歌を唄ってくれたり、日本統治時代の思い出を語ってくれたりすることもある。さらに、駅の構内放送や車内放送、市場の喧騒、食堂の野菜を炒める音など、何気ない音風景（サウンドスケープ）も魅力的だ。こういったものを記録しておくと、旅が終わった後、旅の思い出をたどるきっかけにもなる。もちろん、ボイスメモとしても使えるので便利だ。

そして、ハンディサイズのノートは必ず一冊持っておきたい。台湾で感じたことや思ったこと、食べたものの印象など、どんなことでも書き込んでおく。時には漢字を書いて見せ合う「筆談」の機会にも役立つ。また、言いたいことが言えなかった時や、どう表現すればいいのか分からなかった時には、それを日本語でメモしておいて、後で中国語ができる日本人や日本語ができる台湾人に教えてもらう。

ちなみに、台湾はスタンプ文化が定着している。駅や博物館、美術館といった公共空間のみならず、レストランやショップ、書店、ホテル、時には廟にもオリジナルのスタンプが置いてあったりする。これをノートに押していくのも良い記念になると思う。

さらに、台湾では個性的なポストカードが数多く売られているので、これにスタンプを押して、日本の家族や友人たちに送れば、喜んでもらえるに違いない。郵便局によっては風景印（絵柄入りの消印）もあったりする。

さあ、今すぐ「台湾旅」に出かけよう

ちょっぴり大げさかもしれないが、私たちは約二十年、毎日、台湾に出会えた喜びを噛みしめながら暮らしている。たとえ、限られた時間の中であっても、台湾を少し深く旅してみれば、必ずや何らかの発見に巡り合えるはず。読者の皆さんがより深く、そして、より面白く、台湾の息吹を体感してもらえたらと願ってやまない。

片倉真理
片倉佳史

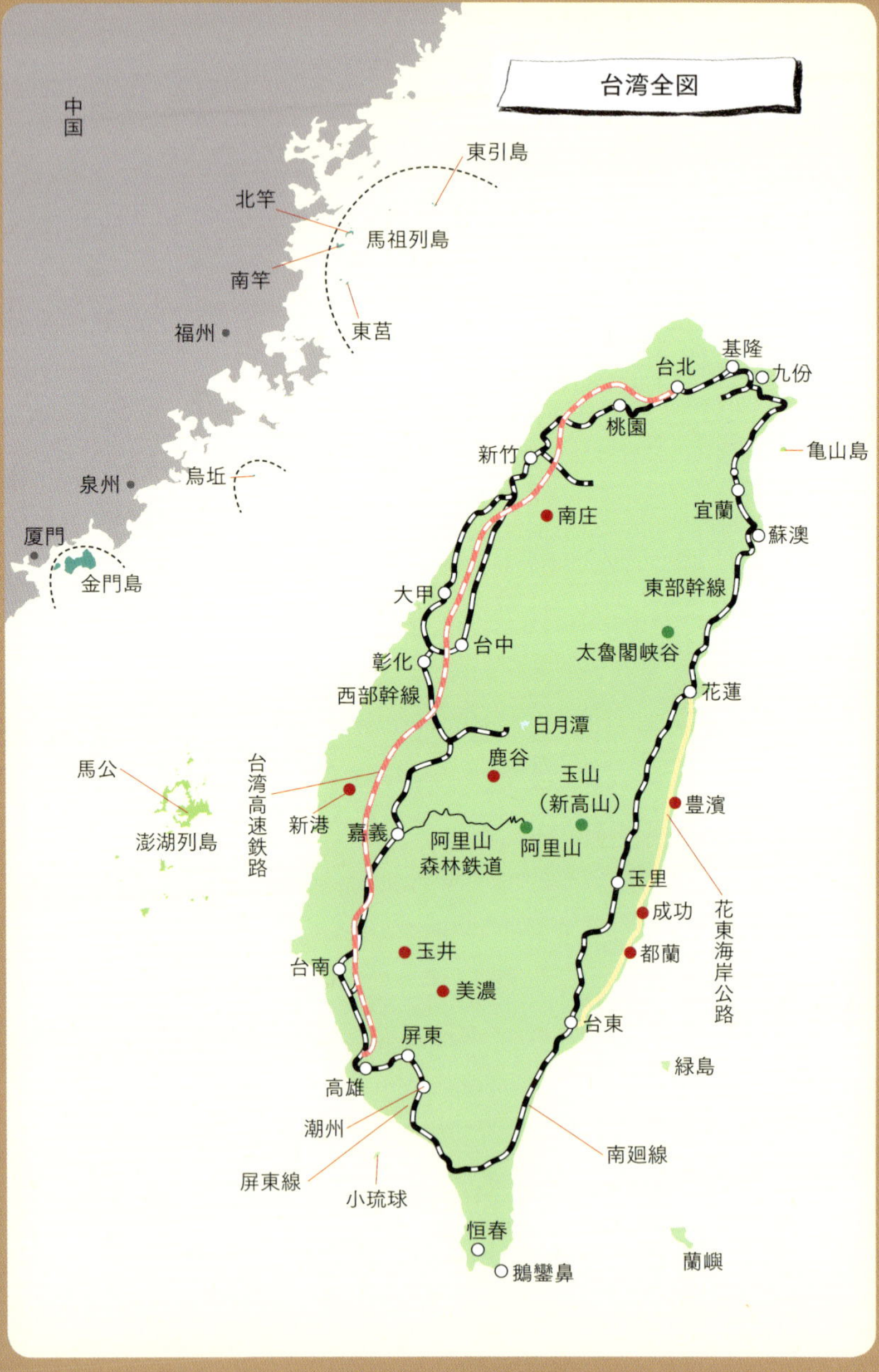
台湾全図
中国
東引島
北竿
馬祖列島
南竿
東莒
福州
泉州
烏坵
厦門
金門島
基隆
台北
九份
桃園
亀山島
新竹
宜蘭
南庄
蘇澳
東部幹線
大甲
台中
太魯閣峡谷
彰化
西部幹線
花蓮
日月潭
馬公
鹿谷
玉山
（新高山）
台湾高速鉄路
新港
嘉義
豊濱
澎湖列島
阿里山
森林鉄道
阿里山
玉里
成功
花東海岸公路
玉井
都蘭
台南
美濃
台東
屏東
緑島
高雄
潮州
南廻線
屏東線
小琉球
恒春
鵝鑾鼻
蘭嶼

凡例

●地名は日本統治時代の日本語の読みに従い、戦後にできた地名は中国語（北京語）とする。

●中国語や台湾語の読み方については発音上、通じやすいものを法則化し、表記している。

●ルビは中国語（北京語・台湾華語）はカタカナで付し、台湾語（ホーロー語）はひらがなとした。また、客家語、原住民族諸語についてはカタカナとした。

●日本に由来する名詞については原則的に日本語でルビを付し、そうでないものは中国語としたが、土地の文化に根ざした用語については適宜、台湾語、客家語でルビを付けている。

●人名については当人の希望に従い、中国語にするか、台湾語にするか、日本語にするかを判断している。

●年号については日本統治時代（一八九五年〜一九四五年）についてのみ、元号を併記した。

●漢字については新字を基本としているが、通用度を考慮し、一部は旧漢字（繁体字）としている。

●「フォルモサ（美麗島）」とは十六世紀、台湾付近を航行したポルトガル人がこの島を眺めて口にした言葉とされる。台湾はどの時代も多くの人々を引き寄せてきた。オランダに始まり、鄭氏政権、清国時代を経て、一八九五年から一九四五年までの半世紀は日本による統治を受けた。そして、いつの時代も、さまざまなものが持ち込まれ、土着文化と融合し、新しい文化が育まれてきた。本書はこういった台湾の姿に着目し、書名に「台湾体験《フォルモサ》」という言葉を付した。

目次

第2章
人々が愛する故郷

第3章

台湾の「田舎」で魅力再発見

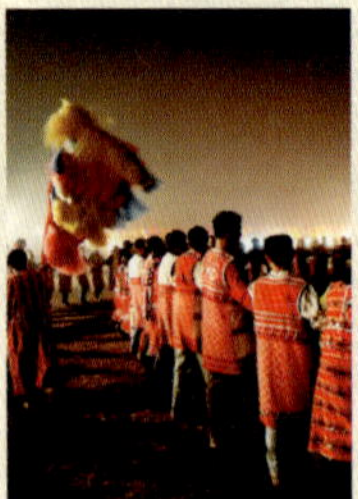

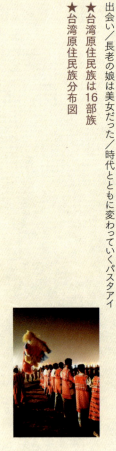

第1章

素顔の台湾を見つめる

01

人々から愛される航海の女神

媽祖

航海の女神、媽祖《まそ》

台湾の人々は信仰に篤い。到るところに絢爛な装飾が施された道教寺院があり、いつ訪れても参拝者で賑わっている。そして、お参りをしなくても、寺廟の前を通る際には、そっと手を合わせてから去っていく人が少なくない。

こういった様子は高層ビルが建ち並ぶ台北でもごく普通に見られる。人々の暮らしの中には、間違いなく伝統的な信仰が息づいており、祭典があれば、爆竹や花火が盛大に打ち上げられ、獅子舞や派手な電飾を施した山車《だし》が行き交う。たとえ、こういった祭事によって交通渋滞や騒音問題が起きても、文句を言う人など誰もいない。

そんな台湾だが、とりわけ印象的な宗教行事と言えば「媽祖巡礼」ではないだろうか。正直なところ、「媽祖」と聞いても、日本人には馴染みは薄いが、宋《そう》国時代に福建《ふっけん》地方に実在した少女★01のことで、特に台湾ではとても親しまれている存在である。若くして神通力を得て、数々の奇跡を起こしたが、海難事故に遭った父親の後を追い、自らも海に身を投げてしまう。その後、人々は帰らぬ人となった少女を海の女神として崇めるようになったという。

台湾における媽祖信仰は明《みん》国時代末期に始まった。この時期、華南地方の沿岸部は戦禍や飢餓に見舞われ、多くの人が生きるために海を渡って台湾へやってきた。しかし、台湾海峡は荒波で知られており、航海の途中で命を落とす人も多かった。そんな中、無事にたどりついた人々は、自らの命が媽祖に護られたと考え、各地に媽祖を祀る廟を建てていった。分霊も進み、廟の数は年々増えていった。

現在、台湾には二千ヶ所にもおよぶ媽祖廟が存在する。まさに、媽祖は台湾で最も篤く慕われ、数ある道教神の中で最も愛されている存在である。

★01
媽祖は林黙娘《リン・モーニャン》という中国大陸の福建地方に実在した少女。その遺体は馬祖《マーツー》列島の南竿島《ナンカン》に流れ着いたという伝説があり、馬祖天后宮《てんこうぐう》の中には遺体を埋葬したという鳳凰が描かれた石棺がある。

世界級の規模の宗教イベント

では、なぜ媽祖はここまで人々に愛されるのだろうか。私は以前、日本アジア航空（当時）の取材で、媽祖最大の祭典と言われる「大《たい》甲媽祖《こうまそ》巡礼」をレポートする機会に恵まれた。

大甲とは台中の郊外にある人口八万人ほどの町。[★02] その中心部にあるのが媽祖信仰の総本山の一つ、「大甲鎮瀾宮《ちんらんぐう》」だ。ここでは媽祖の誕生日とされる旧暦三月二三日辺りに八泊九日の行程で巡礼が行なわれる。[★03] そのスケールは想像をはるかに上回るもので、台湾の人ならば、知らない人はいないと言ってもいい一大イベントである。

媽祖のご神像は大甲を出た後、神轎（神輿《みこし》）に載せられ、嘉義《かぎ》県新港《しんこう》の奉天宮《ほうてんぐう》まで練り歩

02

01 雲林県西螺の西螺大橋付近

02・03 大甲鎮瀾宮で神輿が出発する瞬間

03

★02
大甲はタロイモの産地としても知られ、タロイモを使ったジュースやデザートなどが名物となっている。

★03
媽祖巡礼の正式名称は「媽祖遶境進香《ラオチンチンシアン》」。日程は毎年元宵節《げんしょう》（旧暦一月十五日）に決まる。具体的な行程は「大甲媽祖國際観光文化節」というウェブサイトで発表される。巡礼中に媽祖のご神像の所在地を表示するアプリもある。

き、再び大甲に戻ってくる。その間、彰化《しょうか》県、雲林《うんりん》県など四県市を跨ぎ、片道だけで大小八十ヶ所以上の媽祖廟に立ち寄る。その距離は何と往復三四〇キロあまりに達する。

さらに驚くのは巡礼の参加者数だ。媽祖巡礼は全区間を同行しなければならないという決まりはなく、信徒はそれぞれができる範囲で巡礼に参加する。そのため、一部の区間だけ参加する人が多く、巡礼参加者は延べ百万人にも達するという。台湾の人口は約二三五五万なので、単純に計算しただけでも二三人に一人の台湾人がこの祭典に関わっていることになる。

巡礼中に知り合った老人は「世界三大宗教行事の一つですよ」と誇らしげに語っていたが、確かに、その場に居合わせてみると、その言葉が大げさではないことがよく分かる。

戦場のような爆音が響く

祭典の当日、私は夕闇迫る大甲の町に到着した。以前、訪れた際にはごく平凡な地方都市といった印象だったが、この日ばかりは様子が異なっていた。異様とも言うべき熱気に町は包まれ、路地裏に至るまで、活況で覆い尽くされていた。

爆竹の煙で辺りは真っ白に

随所で花火が打ち上げられ、「ドーン、ドーン」という音を響かせたかと思えば、ロケット花火が「ヒュー、ヒュー」という甲高い音を立てて夜空に消えていく。そして、爆竹が絶え間なく「爆音」を奏でる。

音だけではない。モクモクと立ちこめる煙が目や喉に染みて痛い。周囲の人々もソワソワとしていて落ち着かない様子だ。しかし、そんなことを気にする余裕もなく、周りの空気に呑み込まれてしまう。不謹慎を覚悟で言えば、「戦場に迷い込んでしまったような感覚」といった感じである。

深夜十一時過ぎ、出発の合図となる爆竹に火が点けられた。同時にまるで大砲のような轟音が周囲に響き渡る。私は思わず耳を塞いでしまったが、そこにいる人々は皆、顔色ひとつ変えずに線香を掲げ、手を合わせている。そして、いよいよ媽祖様が載った神輿のお出ましだ。この瞬間は誰もが例外なく神妙な面持ちになっている。近くにいた幼稚園児までもが真剣な表情で何かを祈っていた。

報馬仔

「鑽《ぬん》轎《きお》脚《かー》」を体験

媽祖様の御利益《りやく》なのか、翌朝は快晴に恵まれた。稲穂が揺れる田園風景の中、無数の幟がひらめいている。鳴りやむことのない銅鑼やラッパの音色でとても賑やかだ。

先頭に回ってみると、風変わりな出で立ちの中年男性が歩いていた。菅笠をかぶり、付けヒゲに大きな黒縁メガネ。まるで場末のコントにでも出てきそうな風貌だが、どういうわけか親しみを覚えてしまう。彼の名は「報馬仔《ぽーべぁ》」。銅鑼を叩きながら、村人に巡礼者一行がやってきたことを告げる重要な役割を担っている。ひたすら銅鑼を叩いているので、体力的にはかなりハードなはずだが、涼しげな顔で飄々と歩いている。その姿には、そこはかとないプライドすら感じられる。

注目したいのは、彼が手に赤い糸を持っていること。これは家内安全や商売繁盛などを意味するものだが、かつて、なかなか結婚できない子供のために、母親がこの糸をもらったところ、めでたく結婚を果たした。この話が広まって、いつしか縁結びの糸になってしまったという。そのため、辺りにいた女性たちが彼を

報馬仔が意味するもの

報馬仔が天秤棒で担いでいるのは、長生きを意味する豚足やニラ。足に貼られた丸い紙はおできを表し、人生は完璧ではないことを意味する。さらに、片足は草履を履き、もう片方は裸足のまま歩くのは、忠実に任務を遂行しようとするひたむきさを表しているとか。

数百メートルの行列ができる時も。中には巡礼に参加できない身内や友人の服などを持って跨がれる人もいる。彼らに代わって厄払いができるという

めがけて走ってくる。私も負けじと友人のために糸をもらいに走った。

そうこうするうちに、媽祖様を載せた神輿が近づいてきた。ここで思いも寄らない光景を目にした。数百メートル離れたところに人々が並んだかと思うと、突然道路に身を投げ出し、ひれ伏したのだ。「いったい何が始まったの？」とキョトンとする私に、たまたま隣りに居合わせたおばさんが教えてくれた。これは「鑽《ぬん》轎《き》脚《おかー》（鑚轎跤）」というもので、分かりやすく言えば、媽祖の神輿の下をくぐる儀式なのだという。

「せっかくの機会だからあなたもやりなさい」というおばさんに従い、列に並んでひれ伏してみる。なんと、媽祖像が自分を跨ぐと、福がやって来るというのだ。媽祖の神輿は結構な速さで動いている。そのため、かなり遠くに感じていたものの、あっという間に近づいてきた。そして、背中の上、ギリギリのところをかすめていく。ほんの一瞬のことだったが、不思議なことに、心のもやもやが消えていくような気がした。

そして、居合わせた人々の顔に驚いた。誰もが例外なく満足げな表情を浮かべ、目が合うと、皆、ニコッとしてくれるのだ。まさに幸福をもたらしてくれる媽祖様の存在をお互いに確かめ合っているようだった。

媽祖信仰によって生まれる人々の連帯感、そして、お互いを思いやる気持ちが育まれていくのを、身をもって感じた瞬間だった。

クライマックスは生誕祭

巡礼の折り返し地点となるのは嘉義県新港の「新港奉天宮」である。ここでは巡礼のハイライトとも言える二つの儀式が行なわれる。

一つは到着した媽祖のご神像を廟内に一時的に安置する「駐駕典禮《ツーチアアティエンリー》」と呼ばれる儀式だ。信徒たちが手渡しの要領でご神像を正面の神棚まで運ぶのだが、これが、異様なほどの盛り上がりを見せる。

「ドーン、ドーン、ドーン」と重低音で響く太鼓の音色とともに、少しでもご神像に触れようと、四方八方から手が伸びてくる。神棚付近で待ち受けた私も手を伸ばしてみたところ、ほんの一瞬ではあったが、ご神像に触れることができた。日頃は信仰心の薄い私だが、この時ばかりは電流が走ったかのような衝撃を受けた。

ご神像が無事に並び置かれた際には、どこからともなく大きな拍手が沸き起こった。これで媽祖巡礼の前半部が終わりとなる。信徒たちもほっと一息ついている。そして、この日は奉天宮の廟内などで休んで、朝を待つ。

新港奉天宮の媽祖生誕祭

小さな「進香旗」を香炉にかざし、媽祖様に巡礼に来たことを告げる

沿道には到る所でお供え物が見られる

翌朝は早朝から媽祖生誕の祝典の準備が始まる。廟前に設けられた祭壇にはご神像とお供え物が置かれ、参道は数万人もの信者で埋め尽くされる。その光景は圧巻だった。私はその様子を撮影するべく、ビルの上に上がっていたが、まさに参拝者がぎっしりという状態だった。

儀式は厳かに進められる。号令がかけられると、信者が一斉に跪いて手を合わせる。これが何度か繰り返されるが、その間、常にお経を上げる高らかな声が響き渡る。ここに集まった人々の心が一つになっていくのを実感できる瞬間だ。

儀式の終了後、その余韻に浸りながら、付近を散策してみた。郷土銘菓である

金長利のオーナー夫妻。清国時代から続く老舗

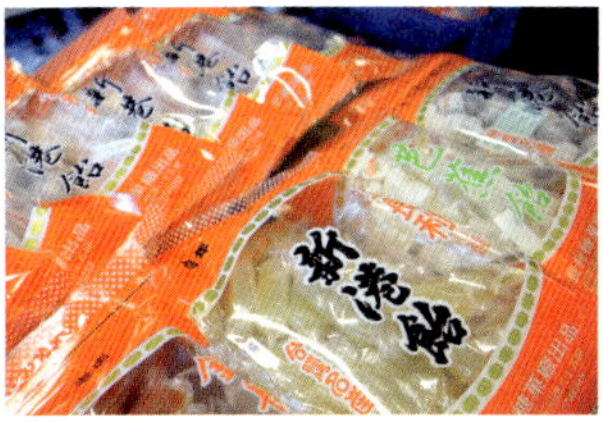

★04
新港飴は古くから親しまれる郷土銘菓。ほどよい食感と素朴な風味がたまらないピーナッツ飴である。もう一つの看板商品はバナナ風味の求肥「芭蕉飴《ばしょうあめ》」。どちらも着色料や防腐剤などは使用していない。

「新港飴《しんこうあめ》」★04の老舗「金長利《チンツァンリー》」を覗いてみる。ここは以前、ガイドブックの取材で訪れた店。この日も店主の楊秀美《ヤン・ショウメイ》さんが笑顔で迎えてくれた。

楊さんは毎年、巡礼者と再会することが何よりもの楽しみだと語る。祝典の前日には、この店の前でもたくさんの人が仮眠するが、その中に毎年決まってやってくる女性がいるという。

彼女はまだ幼い頃、母親に連れられて媽祖参拝を始めた。そして、今は母となって子供を連れてやってくる。楊さんとは一年に一度きりの再会なのだが、毎年必ず近況を報告し合っているうちに、親戚のような気がしてきたと、嬉しそうに笑う。きっと何年かすれば、孫を連れて三代で媽祖参拝にやってくる日も来るだろう。媽祖は巡礼者と地元の人々を結び付けてしまう力も持っているのだ。

こういった小さな「絆」は、台湾各地で無数に存在している。

媽祖が愛される理由

私が媽祖巡礼に参加したのは最長で三日間のみである。つまり、全行程から言えばほんの一部に過ぎない。しかし、この短い間でも、媽祖のもつ「力」を感じずにはいられなかった。

足を引きずりながらも必死に歩き続けるお年寄り。そんな老人に声をかけ、肩を貸す若者たち。時には歩き慣れない子供を励まし、時には勝手の分からない外国人旅行者に声をかけてくれる人々。そのすべてが媽祖とともに存在し、懐に抱かれていると考えると、これは単なる宗教行事ではない。「台湾人」という民族性を作り上げる文化そのものなのだ。

ところで、なぜ人々はこのハードな巡礼に参加するのだろうか。そんな疑問を巡礼で知り合った民俗学者・林茂賢《リン・マオシエン》さんに尋ねてみた。すると、林さんは至極当然という表情で、「媽祖は台湾人にとって母親のような存在です。人々はこの巡礼に参加し、家族にも言えない悩みを媽祖に打ち明けます。こうすることで、精神的な安らぎが得られるのです」と答えてくれた。

続けて、林さんは廟や村人によって行なわれるボランティア活動を挙げた。巡礼の道中、各地の廟では簡単な食事が用意される。沿道では村人によって果物や飲み物などが巡礼者に配られる。中には部屋やシャワーを貸してくれる人たちもいる。こういった「媽祖信仰で結ばれた相互扶助の精神」も忘れてはならないだろう。「みんなが一つにまとまり、お互いの善意に触れあう。これも媽祖巡礼の魅力ですよ」という林さんの言葉には確かな説得力があった。

持ち物にはお札が

巡礼に参加するために

身動きしやすい服装と歩きやすい運動靴で参加するのが基本。初めて参加する場合は、媽祖への敬虔な気持ちを表すため、下着や服などは新しいものが良いとされる。帽子、サングラス、日焼け止め、雨具、さらに爆竹による音や煙対策としてマスクや耳栓もあればベター。夜は寺廟や民家の軒先で、段ボールを敷いて雑魚寝をしたり、テントを張って仮眠をしたりする人たちも少なくない。

信徒たちは各地の廟で宿泊する

また、林さんの教え子だという学生はこんなことを言っていた。「媽祖巡礼に参加すると、また次の一年も頑張ろうと思えてくるんです。大げさではなく、自分にとって、媽祖様は間違いなく心の支えです」。

彼はどこでも出会いそうな現代風の青年だったが、心の底から発せられたその言葉には、媽祖をいかに慕っているかが、ひしひしと伝わってきた。そして、敬愛する神様がこんなにも近くにいる台湾の人々がなんだか羨ましく思えてしまった。

媽祖巡礼は毎年催される。全行程に参加しなければならないという決まりなどはないので、各人が自分の生活に合ったスタイルで参加できる。ガイドブックや旅行書などで取り上げられることは少ないが、台湾という土地の文化に深く触れられるという意味でも、非常に魅力的なイベントと言えるだろう。

私も二〇〇七年に初めて巡礼に参加して以来、毎年できるだけ駆けつけるようにしている。そして、いつの日か、初日から最終日まで、全行程を歩き通してみたいと思っている。

訪ねてみたい台湾各地の媽祖廟

媽祖を祀る廟はちょっとした規模の町であれば、必ずと言っていいほど見かけるはず。中には個性が際だつユニークな廟もあるので、旅のテーマに媽祖廟巡りを加えてみてはいかがだろうか。

❶ 豪華絢爛な純金の媽祖　南方澳南天宮《なんほうおうなんてんぐう》　宜蘭《ぎらん》県蘇澳《すおう》鎮

漁港に面した媽祖廟。純金製のほか、翡翠でできた媽祖像もある。また、故郷の福建省湄洲に背を向けている唯一の媽祖。

①

❷ 日本人に祀られた媽祖　天母三玉宮　台北市天母東路6号

日本時代、中治稔郎という人物が媽祖と天照大神を合祀する「天母教」を創立。当時の媽祖像が残されている。

②

❸ 空襲から町を守った媽祖　萬丹萬恵宮《ばんたんばんけいぐう》　屏東《へいとう》県萬丹《ばんたん》郷

先の大戦時、米軍が落とした爆弾から町を守った媽祖。廟の脇に不発弾を携えた媽祖の手の像がある。

③

❹ 台湾で最も古い媽祖廟　澎湖天后宮《ぼうこてんこうぐう》　澎湖《ぼうこ》・馬公《まこう》市

1604年に建てられた台湾最古の媽祖廟。馬公市の旧名は「媽宮」で、これは「媽祖宮(天后宮)」に由来している。

④

❺ エベレストに登頂した媽祖　馬祖境天后宮《まそきょうてんこうぐう》　馬祖・南竿島

2009年に登山家・李小石氏に背負われて、エベレストに登頂を果たした金色の媽祖像が祀られている。

⑤

❻ 世界一高い媽祖の立像　媽祖巨神像　馬祖・南竿島

2009年に完成した媽祖の巨像は高さ28.8メートル。世界で最も高い媽祖の立像で、ギネスブックにも登録されている。

⑥

❼ ネジでできた媽祖像　岡山壽天宮《おかやまじゅてんぐう》　高雄市岡山区

高雄市岡山は「ネジ王国」と言われ、世界のネジの約40%を製造している。ここにはネジ(ナット)を用いて作られた媽祖像が祀られている。

⑦

❽ 最も地位の高い媽祖　台南大天后宮《たいなんだいてんこうぐう》　台南《たいなん》市

台南にある大天后宮は清国統治時代に官費で建てられた名刹。媽祖廟の中で最も格式が高いとされる。

⑧

媽祖遶境進香！
大甲媽祖の巡礼ルート

大甲媽祖の巡礼は8泊9日の行程。その距離は往復340キロあまりに達する。スケジュールは旧暦1月15日頃にウェブサイトで発表される。濃密な台湾文化を体験してみたい。

＊夜間に媽祖本尊を一時的に安置する廟＝★

アクセス情報

大甲は台鉄海線の大甲駅で下車。大甲鎮瀾宮は駅から徒歩約10分。新港へは嘉義から嘉義客運バス北港行き（7201番、7202番）に乗車。早朝6時台の便に乗れば祝典に間に合う。または、高鉄嘉義駅からは台湾好行バス「故宮南院線」が一日4本。休日は8本。

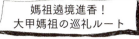

02

マンゴーの香りに誘われて

玉井

マンゴーの故郷・玉井《たまい》を訪ねる

台湾で暮らしていて幸せを感じること。それはいくつでも挙げられるのだが、中でも、年中安くて美味しいフルーツが食べられることは大きい。特に日本でも人気の高いマンゴーは、台湾ではごく普通に楽しめる庶民の味。収穫量や時期にもよるが、だいたい一個二十元〜四十元（日本円で八十円〜百六十円）程度で味わえる。また、日本人が思っている以上にマンゴーは種類が豊富で、飽きることがない。

　私がマンゴー農家を初めて取材したのは二〇〇五年の初夏だった。台南郊外の玉井《たまい》はマンゴーの一大産地として知られている。台南駅からローカルバスで約一時間。のんびりバスに揺られながら山道を進んでいくと、深い緑に覆われた山肌に無数の白いものが見え始めた。気になって凝視してみると、それはマンゴーの実を包む袋だった。

　バスを降りるや、玉井の中心部にある青果市場へと向かった。広い敷地にさまざまなフルーツが山積みとなっている。農家の人たちが収穫物を持ち込んで、籠単位で販売している。市場全体に甘い香りが充満しており、ただその場にいるだけで幸せな気分に浸れる。

　玉井では複数の種類のマンゴーに出会える。最もよく目にするのは、日本人にもお馴染みの「愛文マンゴー（愛文芒果《アイウェンマンクオ》）」だ。リンゴのように赤い外皮をしているので、「アップルマンゴー」という愛称をもつ。飽きのこない甘さで、繊維質が少なく、口の中でスーッと溶けていくかのような食感だ。

　また、黄緑色の外皮で小ぶりの「土檨仔《とーそあいやー》」もよく目にする。これは台湾に土着化したマンゴーで、「檨仔《そあいやー》」はマンゴーの台湾語表記。繊維質が多く、種も大きいので食べにくいが、中高年世代の間ではこちらの人気が高い。聞いてみると、子

玉井青果市場。基本は籠売りとなる

供の頃におやつとして食べた思い出が蘇るのだという。

さらに、黄色の外皮で酸味がやや強い「金煌《チンホワン》」や、金煌と愛文を交配させてできた「玉文六號《ユィウェンリョウハオ》」も見かける。珍しいものと言えば、緑色の外皮をした「黒香《おーひう》（烏香）」というマンゴー。これはヘタの部分に燻したリュウガン（龍眼）のような香りがする。生産量が少ないため、南部以外では出回らず、特に台北では見かけることがほとんどない。

現在、玉井一帯で栽培されているマンゴーは十数種類とのことだが、実は品種改良によって次々と新種が登場している。新しい品種の開発は自然受粉のほか、既存のマンゴーの樹に他品種を接ぎ木していく方法が採られている。ただし、評価が低かったり、虫に弱かったりすると淘汰されるので、少なくとも三年ほどの観察期間が必要になるという。この間に市場に出しうるものかどうかを見極めていくのだ。

カラフルな台湾のマンゴーたち

愛文マンゴーの父と出会う

台湾のマンゴーの歴史を調べていくと、ある一人の人物にたどり着いた。それは初めて愛文マンゴーの栽培に成功したという鄭《てい》罕池《かんち》さんだ。

実は愛文マンゴーは台湾の土着種ではない。一九五四年に台湾政府がアメリカのフロリダ州から持ちこんだものだった。農業普及員が農家を回り、新品種を栽培するよう奨励したが、ことごとく断られてしまったという。農家にとって収穫がなければ収入はなくなるので、未知の果実に挑戦するのは大きな賭けとなる。そんな中、唯一興味を示したのが鄭罕池さんだった。

玉井の郊外にある鄭さんの農園へ向かうと、道路の両側には一面のマンゴー畑が広がっている。日差しは強いものの、心地良い風がマンゴーの香りをのせながら吹き抜ける。気温は高いが、台北の暑さとは異なり、どことなくからっとしているのが印象的だ。こういった南部特有の気候が美味しいマンゴーを育

村人の幸せを願い、愛文マンゴーを開発した鄭罕池さん

マンゴーのもう一つの産地

台南玉井だけでなく、屏東《へいとう》県の枋山《ぼうざん》もマンゴーの産地として知られる。ここは海に面した山の斜面にマンゴー畑が広がる。陽光がたっぷりなだけでなく、塩分を含んだ海風に当たるため、糖度が高くなると言われる。玉井よりも早い時期の四月頃から収穫が始まる。

海風を浴びる枋山マンゴー

んでいるのは言うまでもあるまい。

作業場に着くと、穏やかな笑みを浮かべた老人が迎えてくれた。この方が鄭罕池さんだった。鄭さんによれば、この一帯はかつて玉井の中でも特に痩せた土地で、また交通も不便だった。そのため、村人たちは貧しい生活を強いられていたという。そんな環境で育った鄭さんは幼少の頃から「いつか大きくなったら村人たちの生活を改善したい」という志を胸に秘めていた。

鄭さんは一心不乱に勉学に励んだ。成績も良く、日本人の教師から特別に万年筆を授けられたこともあったという。その後、玉井農業専修学校へ進み、卒業後は若きリーダーとして、二八歳で農會《ノンホェイ》(農協に相当)の班長を務めるようになった。

その頃、台中や嘉義《かぎ》などの地域では柑橘《かんきつ》類の栽培が盛んだった。生産が安定しており、収益率も高かったので、農民の暮らしぶりは良かったという。そのことを知った鄭さんは、自分たちも収益性が高く、南部の気候に合った果樹の栽培をするべきだと考えていた。そんな折、愛文マンゴーの話を持ちかけられたのだった。反対意見もあったというが、決心は揺らがなかった。鄭さんは使命感と責任感から、愛文マンゴーの栽培に挑むことになった。

01

02

01栽培地は日当たりが考慮される 02熟し始めたら白い袋をかぶせる 03日本へも輸出されている 04マンゴーの出荷作業の様子 05ドライマンゴー作りに勤しむ

「マンゴー王国」となった玉井

一九六二年、鄭さんは百本の苗木を取り寄せ、栽培を開始した。しかし、翌年の冬に霜害を受け、苗木のほとんどが枯れてしまうという不運に見舞われた。残ったのはわずか四本。それでも諦めることなく、再び百本の苗木を取り寄せた。

ところが、今度はミバエという害虫の問題が発生してしまう。鄭さんはこの時、害虫から果実を守るべく、紙袋をかぶせることを考案した。これは現在、マンゴー栽培に欠かせない作業となっている。こうした困難を乗り越え、ようやく愛文マンゴーは世に出るようになった。

しかし、今度はいかに新品種を流通させるかという問題に直面した。鄭さんは各地を奔走したが、新しい果実に興味を示しても、購入してくれる人は少なかったという。しかも、地元の市場では従来のマンゴーとほぼ変わらない値段でしか売れなかった。これでは開発にかけた苦労が報われない。

困っていた鄭さんに救いの手を差し伸べてくれたのが、台中の柑橘農家の友人だった。台北の中央市場に出荷できるように骨折りしてくれたのだった。これによって愛文マンゴーは表舞台に立つことができた。そして、評判が評判を呼び、

果醸は完全手作り。果醸入りのかき氷は数量限定

徐々に市場に出回るようになった。こうした一つ一つの積み重ねによって、愛文マンゴーは評価を高めていったのである。

現在、玉井のマンゴーの栽培面積は二千ヘクタールにおよぶ。周知のごとく、今やマンゴーと言えば「愛文」と言われるまでになり、日本をはじめ海外にも数多く輸出されている。このマンゴー王国を築き上げたのは、まさに鄭さんの不屈の精神だったのである。

現在、鄭さんの農園は息子さんやお孫さんが中心になって運営されている。しかし、鄭さん自身も、毎日、必ず作業場に顔を出している。二〇一七年に再訪した時にも採れたてのマンゴーとたくさんのひ孫たちに囲まれながら、静かに仕分けの作業を眺める鄭さんの姿があった。その表情はとても穏やかで、自身の満ち足りた人生を物語っていた。

本場・玉井でかき氷を味わうなら

さて、玉井を訪れたらやはり本場のマンゴーかき氷を味わいたい。台北で味わうよりも鮮度が高く、ボリューム満点でいて、リーズナブル。これを味わうだけのために玉井を訪ねたとしても、その価値は十分に

有間冰舖オーナー夫妻

ある。おすすめは市場から五分ほどの中正路《ツォンツェンルー》にある「有間冰舖《ヨウチエンピンプー》」だ。店主の簡子宇《チエン・ツーユィ》さん夫妻はとても研究熱心で、普通とはやや異なるマンゴーかき氷を供している。まずは数種類のマンゴーをミキサーにかけてジュースにし、これを冷やして氷の柱を作る。これをかき氷に使用するのだ。そのため、氷自体にも、ほんのりとマンゴーの芳香が楽しめる。

氷の上にはマンゴーの果肉をたっぷりとのせ、シロップ漬けした青マンゴーや手作りのマンゴーアイスをトッピングする。さらに、自家製のマンゴーソースをたっぷりとかける。これぞ、まさにマンゴー尽くし。贅沢な逸品だ。

さらに、この店でもう一つのおすすめが「果釀芒果冰《クオニャンマンクオピン》」だ。「果釀」とはスライスしたマンゴーをリュウガンの枝で三日間ほどかけて燻し、カットした後に麦芽糖で三時間ほど煮込んだもの。これをマンゴーかき氷にトッピングする。甘さと酸味がほどよく、クセになる味わいだ。私もこれまで数々の店でマンゴーかき氷を味わってきたが、ここのものは台湾でも一、二を争う美味しさだと思っている。

これを味わうために台北から訪れる人たちも少なくない

毎年、五月を待ちわびる

ここ数年、玉井はガイドブックや雑誌などでも紹介されるようになり、年々、知名度を上げている。もはやマンゴー好きの人間にとっては聖地のような存在と言ってもいい。かつて鄭さんが愛文マンゴーの開発に心血を注いでいた頃には想像することすらできなかった状況である。

鄭さんがマンゴーにかけた情熱は、今や大きな実を結び、しっかりと花を咲かせている。私は鄭さんに限らず、マンゴーに関わる人々を取材するたびに、マンゴーがひと味もふた味も違ったものになるような気がしてならない。そして、毎年、マンゴーのシーズンが近づくと、その年の出来具合が気になり、毎日ニュースをチェックしてしまう。

なお、鄭さんは農園に向かう際、ある日課を自らに課しているという。それは二〇〇四年に天国に旅立った奥様のお墓参りだ。そして、墓前ではある曲を歌うのである。それは『骨まで愛して』。なんでも、この歌は二人が若かりし頃に台南で見た思い出の映画の主題歌だったのだという。

玉井の町はずれには、鄭さんが半世紀前、最初に植えて生き残った四本のマン

台湾で最初に実がなった愛文マンゴーの樹木

アクセス情報
台鉄台南駅前から緑幹線(大台南公車)バスに乗車。終点の玉井で下車。所要約1時間10分。青果市場までは徒歩約5分。

ゴーの苗木のうちの一本が残っている。今や巨木となっており、どっしりと根を下ろしている。太い幹と鬱蒼と生い茂った枝葉。その生命力溢れる姿からは、マンゴーの開発に人生をかけた鄭さん夫妻の揺るぎない愛情が感じられる。

私は玉井に足を運ぶたびに、この老木を訪ねるようにしている。

海頓《ハイトゥン》

1954年にアメリカから持ち込まれた品種。見た目は愛文と似ているが、より丸みを帯びている。果肉がやや硬め。

四季《スーチー》（黄金）

一年中収穫できるマンゴー。他品種が少ない冬場に栽培している。果皮は黄色で、甘味と酸味のバランスがほど良い。

台農一號《タイノンイーハオ》

1985年に高雄・鳳山《ほうざん》の試験場で開発された品種。収穫時期は5月〜6月頃。黄色の果皮で卵型。かなり甘味が強い。

西施《シースー》

古代中国の四大美女から命名。愛文よりもやや大きいが、味はやや淡白な印象。収穫時期は7月中旬〜8月中旬と遅め。

杉林一號《サンリンイーハオ》

1991年頃に高雄の杉林の農園で誕生した品種。見た目は愛文に似て、甘味も香りも良いが、生産量は少ない。

慢愛文《マンアイウェン》

1996年に高雄・六亀の農園で誕生した。通常の愛文のシーズンが終わった頃に出回る。甘さや香りは愛文に劣る。

金蜜《チンミー》

1971年頃に彰化県の農民、張金泉氏がフィリピンから持ち込んだ品種。黄色の果皮で、糖度が21度とかなり高め。

蘋果芒果《ピンクオマンクオ》

愛文に似ているが、リンゴに近い形状。甘さや香りともに愛文に遜色なし。サイズは大きめ。重量も相当なもの。

水蜜桃芒果《スェイミータオマンクオ》

ピーチのような果皮で、表面に角のようなでっぱりがあるのが特色。甘さと香りも濃厚で、愛文に負けず劣らずの美味しさ。

夏雪《シアシュエ》（高雄3號）

2008年に登場した新品種。果皮は黄色で、土芒果のような香りと愛文のような食感、金煌のような甘さが感じられる。

こんなにある！台湾マンゴーの世界

台湾のマンゴーは愛文マンゴーだけではない。現在は約30種あまりが栽培されている。主に在来種、外来種、改良種、国内で独自に育成された品種に分かれる。ここでは比較的よく見かける18種類を紹介したい。

愛文芒果《アイウェンマンクオ》

一番人気の品種。甘さと香りが濃厚、かつ滑らかな食感で果汁もたっぷり。台南では6月～9月、屏東では4月～7月。

金煌《チンホワン》

高雄・六亀《ろっき》の黄金煌氏が凱特と懐特を交配させて作った。愛文の約1.5倍の大きさで、甘さの中にやや酸味がある。

土芒果《トゥーマンクオ》（土檨仔）

緑色の小ぶりのマンゴー。熟していない状態でシロップ漬けにした「情人《チンレン》果《クオ》（恋人の果物）」も甘酸っぱくて独特な味わい。

玉文六號《ユィウェンリョウハオ》

台南・玉井の農民、郭文忠氏が金煌と愛文を交配させてできた品種。濃厚な甘さで、重量は愛文の約2倍。

凱特《カイター》（九月芒果）

1954年にアメリカから持ち込まれた品種。果皮は濃い緑色（熟すると黄色に変化）。9月～10月頃まで収穫できる。

黒香《おーひう》（烏香）

日本統治時代に持ち込まれた品種で、枝がリュウガン（龍眼）に似た香りがする。熟しても果皮は緑色のまま。

懐特《ホワイター》（香蕉芒果）

見た目がバナナのようなので、「香蕉（バナナ）マンゴー」とも呼ばれる。果肉は薄い黄色で、甘みはあるが、果汁は少なめ。

紅凱特《ホンカイター》

1986年に台南・玉井の農園で誕生した品種。サイズは大きいが、糖度が低く、酸味が強い。お供え物に用いられる。

03

凍頂《とうちょう》烏龍茶の郷を訪ねて

鹿谷《しかたに》

台湾茶の世界に触れる

台北に暮らしていると、茶葉店や茶芸館を訪れる機会が多くなる。そして、台湾茶の奥深い世界に魅了されていく。お茶の愛好家も多く、お茶の淹れ方や茶葉の良し悪しの判別など、さまざまなことを教えてくれる。

台湾茶の世界に触れてみて、まず驚かされるのは、その種類がとても豊富なことである。台湾は九州よりもやや小さいという程度の面積だが、別表（64ページ）にも記したように多種多様な茶葉が栽培されている。

同じ品種でも産地や製茶方法によって香りや味は変わってくる。さらに言えば、同じ産地の同じ茶樹から摘んだ茶葉でも、発酵度や焙煎の具合によって味わいが異なってくる。つまり、茶農家の栽培方法や摘み手の技術、焙煎の手法、そして、茶農家の知識や経験などによっても、風味や香りに変化が出てくるのだ。

中でも、烏龍茶は熟成させることで風味が変化する。長く寝かせた茶葉は甘さの中にほのかな酸味が加わり、独特な風味となる。その味わいに魅せられ、虜になってしまう人は少なくない。ちなみに、これは「老茶」と呼ばれ、とりわけ「通」を自称する愛好家たちに好まれている。

猫空《マオコン》で製茶体験

私は台北郊外の猫空で鉄観音《てっかんのん》茶作りを体験したことがある。早朝九時に集合し、すでに摘んである茶葉をシートの上に広げ、日光に当てることから始まる。両手に茶葉を抱えながら、ユッサユッサと揺らして茶葉を落としていくが、一ヶ所に固まらないようにするのが意外と難しい。これをしばらく放置し、茶葉が柔らかくなったところで竹ざるの上にのせ、室内で寝かせる。その後は約二時間おきに茶葉の状態を確認し、かき混ぜる（これにより水分が均等に蒸発し、ムラなく発酵が進む）。こ

猫空へはロープウェーが利用できる

れを三〜四回繰り返すと、発酵がほどよく進み、茶葉の縁が赤みを帯びてくる。
発酵が適度に進んだところで、今度は釜入れ作業を行ない、発酵を止める。鉄観音茶は球型なので、ここから成型作業に入る。茶葉を大きな布に包み込み、揉《じゅう》捻《ねん》機で団子状にし、手でゆっくりと転がしていく。その後、布をほどいて茶葉の塊をバラバラにし、再び茶葉を包むという作業を何度も繰り返す。最後に乾燥機にいれると完成。
ちなみに、作業が終了したのは深夜一時過ぎ。朝からスタートし、ひたすら作業を続ける。想像以上に大変なものだったが、台湾ではこうした製茶体験をさせてくれる茶農家もあるので、機会があればぜひトライしてみたい。

凍頂烏龍茶の郷、鹿谷へ

ある年、大阪のテレビ局の取材で、凍頂烏龍茶の産地である南投《なんとう》県鹿谷《しかたに》郷を訪れる機会を得た。俳優の佐々木蔵之介さんが台湾茶の魅力を紹介するという企画をお手伝いすることになったのだ。

この取材がきっかけで、製茶師の林獻鎮《リン・シエンツェン》さんと知り合うことができた。林さんは「玉春茶坊《ユィツンツァーファン》」という店を経営しており、数々のコンテストで受賞経験を持つ著

鹿谷の茶畑

琥珀色をした紅水烏龍

名な人物である。

撮影当日は早朝七時に取材班とともに林さんの茶畑へと向かった。周囲にはビンロウ樹が植えられ、日本の茶畑とは異なる南国風情が漂っている。清々しい山の空気と燦々と降り注ぐ陽光に包まれる中、撮影は始まった。

台湾の作物の栽培は、古くから伝わる「二十四節気（農作業の暦）」に従って行なわれる。この日はちょうど「白露《はくろ》」にあたり、秋茶の収穫の初日だった。畑ではすでに茶摘み作業が始まっていた。茶摘みの女性に近づくと、シャッ、シャッ、シャッと素早い動きで茶葉を摘み取っている。

茶葉はそう簡単に摘めるものではないので、何か秘密があるのかと尋ねてみると、指に付けた小さな刃を見せてくれた。しかし、この「魔法の刃」を用いても、やはり熟練の技がなければこのスピードは不可能だ。まさに神業のような手際の良さ。作業は無言で続けられていく。

石垣が築かれた段々畑は水はけが良く、ここで玉春茶坊の看板商品である「紅《ホン》

シートの上に茶葉を広げ、日光にあてる

茶葉が柔らかくなってきたら竹ざるに移す

室内で寝かせ、約二時間おきにかきまぜる

水烏龍《スェイウーロン》」が栽培されている。これは伝統的な製法によって作られた凍頂烏龍茶の一種だ。一般の凍頂烏龍茶よりも、発酵度、焙煎度がやや高めなのが特色。深みのある茶色をしており、甘さの中にフルーツのような香りも感じられる。ひと口目からしっかりとした味わいがあり、飲み続けても飽きがこない。

乾燥までの工程を終えた茶葉は店に運び込まれ、焙煎作業が行なわれる。焙煎

❶良質なお茶は口の中で
ずっと余韻が続く
❷生産地や製法によって
さまざまな茶葉がある

は茶葉の水分を少なくするだけでなく、味を決める重要な作業でもある。通常は八十~百二十度で行なわれるが、玉春茶坊の紅水烏龍はそれよりも高めの温度に設定している。温度が高すぎると、茶葉の成分が壊れてしまうので、温度調整には熟練の技が必要となる。

焙煎作業の部屋は茶葉の香りが充満している。しかし、その暑さと言ったら相当なものだ。作業中は四五度近くまで室温が上がり、サウナ状態だ。

作業中はとにかく慌ただしく、二十分ごとに茶葉の状態をチェックし、温度や時間を調整しなければならない。いずれも極めて微妙な加減が必要で、長年培った経験と感覚がなければ太刀打ちできないものだという。

伝統の味を守り続ける父子

林獻鎮さんによれば、最近の台湾茶は発酵の度合いが軽く、焙煎も軽めの茶葉が好まれているという。玉春茶坊のように昔ながらの発酵度が高めの凍頂烏龍茶を作っている茶農家は鹿谷でも少なくなっている。伝統製法に従った烏龍茶作りは儲けが少ない上に製法が煩雑で、しかも、高い技術力を要するため、やりたがる人が減ってしまったのだ。

家族の愛情が詰まった缶

しかし、林さん親子は代々受け継いできた伝統の味を絶やしたくないという。息子の偉信《ウェイシン》さんは父親の理想をしっかりと継ぎ、今や「焙煎達人」と言われるまでの腕前を持つ。父子はこれまでに大小さまざまなコンテストで三百以上の賞を受賞してきた。二〇〇八年から二〇一六年までに地元で催された春茶や冬茶のコンテストでは何と九回も「特等奨（グランプリ）」に輝いてる。

玉春茶坊の入口には年季の入った粉ミルクの缶が置かれていた。尋ねてみると、これは偉信さんが生まれた年の茶葉なのだという。二〇一二年に偉信さんが結婚した際に開封され、来賓にふるまわれた。私もこの結婚式に呼んでもらい、愛情たっぷりの茶葉をいただいた。

結婚と同時に、玉春茶坊の隣りには偉信さんが経営する「挑茶驛站《ティアオツァーイーツァン》」がオープンした。こちらはスタイリッシュな建物で、パッケージも現代的なデザインとなっている。

現在、父親の獻鎮さんは引退しており、偉信さんが一人で切り盛りしている。二人のお子さんにも恵まれ、挑茶驛站の棚の中には子供の名前が書かれた新しい茶缶がしっかりと二つ、置かれていた。

父から子へ、そして孫へと、凍頂烏龍茶の伝統の味はしっかりと受け継がれていた。そんな様子を目の当たりにして、頼もしく思った。

台湾茶に魅せられた日本人青年

この取材の時には、鹿谷に暮らす一人の日本人青年とも知り合った。愛知県出身の浦山尚弥さんで、ワーキングホリデー制度を利用し、鹿谷へ台湾茶修行に来ていた。温厚かつ実直な人柄で、好青年という言葉がぴったりの人物だ。玉春茶坊の林さん一家も息子のように可愛がっていた。

　浦山さんは台北の国立台湾師範大学に留学した際、台湾茶の魅力に目覚めたという。大学での卒業論文も台湾茶の歴史をテーマに選び、いつかは台湾茶で生計を立てたいという夢を持っていた。卒業後はＩＴ関連の企業に入社したが、その理由も台湾に行く機会が多いことがポイントだったと笑う。その後、自身の夢を叶えるべく、会社を辞めて台湾茶の世界に飛び込んだ。

　当初は鹿谷の教会に寝泊まりし、何軒もの茶農家に出向い

浦山尚弥さん（左）と林偉信さん（右）

杉林渓の「廣山茶苑」。早朝6時頃から茶摘みは始まる

ては、製茶作業を手伝っていた。一軒の茶農家にお世話になると、そこの味しか分からなくなってしまうからだ。春茶や冬茶の忙しい時期には睡眠時間が三時間しかないというハードな暮らしぶりだったが、精神的にはかなり充足したものを得られたという。

日本に戻った現在は、台湾で仕入れた茶葉を各地の茶葉店やレストラン、茶芸館、サロンなどに卸すほか、台湾茶講座の講師としても活躍している。さらに春茶と冬茶のシーズンには鹿谷に長期滞在し、杉林渓《さんりんけい》や阿里山《ありさん》といった茶葉の産地にも足を延ばす。良質な茶葉を探すため、茶農家を一軒一軒訪ね歩き、自分の目と鼻と舌で丹念に出来具合を確かめている。台湾茶の普及に真摯に取り組むその姿勢はまさに職人そのものだ。

一つの芯と三枚の葉。本来は一芯両葉が理想

岐路に立つ台湾茶業界

浦山さんには鹿谷からさらに奥に進んだ杉林渓の茶畑に案内してもらったこともある。ここは標高一二〇〇メートルで、高山茶が栽培されている。

山の斜面に茶畑があり、女性たちが黙々と茶摘みをしている。浦山さんは登り慣れているようで、涼しい顔で登っていくが、体力不足の私は途中で休憩を繰り返しつつ、ようやく山頂にたどり着いた。

女性たちはこの急斜面で一日約八時間、作業をしているという。この一帯の高山茶は一斤（六百グラム）当たり三千元（日本円約一万円）以上はする高級品だが、この仕事環境や作業を見ていると、その価格にも納得してしまう。

山を下り、再び鹿谷の玉春茶坊を訪れる。浦山さんに台湾茶を取り巻く状況について尋ねてみた。すると、「台湾茶は大きな岐路に立たされています」と険しい表情になった。

理由はいくつかあるという。まずは近年の異常気象で茶葉が均一に成長せず、質に差が出てしまうことが挙げられる。理想的な茶葉が採れないと、当然ながら生産量も減ってくる。以前は「一芯両葉《イーシンリャンイエ》（一つの芯に二つの葉）」の状態で摘むのが基本だったが、それだけでは足りないので「一芯三葉」で摘んでしまうことが少なくないそうだ。

茶農家の人手不足も深刻だ。現在、茶摘みを担っている女性たちは、五十〜六十歳代が中心。若い世代は重労働を嫌って都会に出てしまい、出稼ぎの外国籍女性に頼らざるを得ないのが現状だという。昔ながらの「手摘み」は茶葉の具合を見ながら摘むことができたが、こうした高齢化や外国人労働者の流入により、その技術は残念ながら受け継がれていない。

しかも、慢性的に人手が不足しているため、人材が確保できた時に茶摘みを一気に済ませる必要がある。こういった状況では十分に成長していない茶葉をも摘んでしまう。そして、発酵や焙煎といった製茶技術の継承も難しい状況に陥っている。

さらに、昨今の台湾茶市場には安価なベトナム産や中国産の茶葉が混入している。これらの多くは台湾人のオーナーが人件費の安い国で栽培させたものだが、時にはこれが「台湾茶」として販売されていることもある。浦山さんによれば、外国産の茶葉は台湾産のようなみずみずしさがなく、その差は大きいが、流通量は

台湾茶の新たな潮流

　若者たちのお茶離れをくい止めようとする動きもある。台北ではスタイリッシュな茶葉店や茶芸館が登場し、話題を集めている。

「琅茶《ランツァー》」はオーナー自らが手がけたパッケージや茶缶が人気。オオカミのロゴが可愛らしい。5坪ほどの小さな店だが、扱う茶葉は著名な選茶師の父親が選んでおり、質は高い。

　また、カフェのような雰囲気の茶芸館「品茶集《ピンツァーチー》」も地元女性たちの間で高い人気を誇る。オーナーはオーストラリア暮らしの経験があり、随所にセンスが光る。オリジナルの茶器は海外でも評価されているほか、初心者向けにお茶の淹れ方のアプリも開発している。

　自然農法やオーガニック栽培の茶葉を扱った「小茶栽堂《シアオツァーツァイタン》」もおすすめ。海外でデザインを学んだオーナーによる華やかなパッケージのティーバッグが評判。

　これらの店を手がけるのはいずれも若い世代。これまでとは異なるスタイルで台湾茶の魅力を発信している。

琅茶：台北市民生東路5段36巷8弄23号
品茶集：台北市建国北路一段78巷18号 /MRT中山駅地下街
小茶栽堂：台北市中山北路2段77-1号

年々増えているという。

　そして、若者たちの「お茶離れ」も深刻だ。コーヒーの普及はもちろんのこと、ペットボトル飲料やドリンクスタンドが増えたことで、本格的に台湾茶をたしなむ人が減ってきているというのだ。

　台湾茶業界は、こうしたさまざまな問題を抱えている。環境や社会の変化は想像以上に台湾茶に打撃を与えていると言っていい。もちろん、そんな状況の中でも誠実に台湾茶作りを続ける農家は存在する。浦山さんも、そうした茶農家を探し出し、より良質な台湾茶を追い求めている。

　良い茶葉は産地の天候、茶葉の成熟具合、摘み手の確保、発酵や焙煎の技術といった、全ての条件が整った時にだけできる。それほどまでに台湾茶は繊細なものだが、逆に言えば、それだからこそ、絶品の茶葉を探す醍醐味があるとも言える。

　良質な台湾茶との出会いは、まさに一期一会。自分だけのお気に入りの茶葉を探す旅もまた、台湾の魅力と言えそうだ。

❶高山《カオサン》茶

海抜1000メートル以上の高山で生産される。台湾中南部の阿里山や梨山、杉林渓などが代表的な産地。軽やかな風味とキンモクセイに似た香りを持ち、茶湯は濃い黄金色。値段はやや高め。

❷凍頂烏龍《トンティンウーロン》茶

台湾中部の南投県鹿谷郷の凍頂山一帯が産地。本来は中発酵だが、最近は軽発酵のものが多くなっている。まろやかな甘さがあり、お茶好きの間で高く評価されている。台湾茶の代表選手。

❸東方美人《トンファンメイレン》茶

台湾茶の中では最も発酵度が高く、紅茶に近い味わい。ウンカという虫が若い芽を噛むことによって発酵が促され、独特な味わいとなる。夏場のみ生産。新竹《しんちく》や苗栗《びょうりつ》の山間部のほか、新北市石碇や坪林で栽培されている。白毫烏龍茶とも呼ばれる。

❹包種《パオツォン》茶

台湾北部の新北市坪林と台北市文山が産地。清国時代から栽培されてきた。発酵度が低く、緑茶に似た味わい。飲み心地は爽やかでリフレッシュ効果が高い。茶葉は丸めておらず、條型。

❺鉄観音《ティエクワンイン》茶

台北郊外の木柵が産地。中発酵茶で焙煎は強め。濃厚な味わいで、独特な余韻が感じられる。鉄観音茶樹の葉の場合は「正叢《せいそう》鉄観音茶」と呼ばれて区別される。台湾での生産量は減少傾向にある。

❻金萱《チンシュエン》茶

台湾中部の高山地域で栽培されている。1980年代に品種改良によってできた新種。軽発酵で、ミルクのような甘い香りを持つのが特色。特に女性たちの間で人気が高い。

❼蜜香《ミーシアン》紅茶

花蓮県瑞穂郷の舞鶴台地で栽培されている紅茶。東方美人茶と同じくウンカが噛んだ茶葉を使用。熟成したフルーツや蜂蜜のような甘い香りを持つ。ストレートでも美味しく飲めると好評。

❽紅烏龍《ホンウーロン》茶

台湾東部の鹿野で2008年頃から栽培され始めた新品種。半球型の茶葉で、茶湯は琥珀色をしている。東方美人茶に似た高発酵のお茶で、深みのあるフルーツのような香りが特色。

❾港口《ガンコウ》茶

台湾最南端の地である屏東県満州郷港口村で栽培されている。生産量が少なく、現地でのみ手に入る。やや苦みと渋みを感じるのが特色。また、海に近いためか塩っぽい香りもする。

❿龍井《ロンチン》茶・碧螺春《ピールオチュン》茶

台北近郊の三峡は台湾では唯一の緑茶生産エリア。日本の緑茶とは製法が異なり、また、中国の龍井茶や碧螺春茶とも風味が異なる。すっきりとした飲み心地が自慢。

⓫日月潭《ズーユエタン》紅茶・阿里山《アーリーサン》紅茶

台湾の紅茶は日本統治時代に日月潭近くの試験場で新井耕吉郎氏によって開発されたもの。台茶18号（紅玉）という品種が人気。近年は阿里山でも紅茶が栽培されはじめ、高い評価を得ている。

⓬美濃《メイノン》茶

高雄市郊外の美濃で栽培されている。海抜500メートルの山間部で育った野生の茶樹を用いた野生茶や紅茶、烏龍茶などが生産されている。

台湾の魅力 種類豊富な台湾茶の世界

台湾で栽培されている茶葉は多岐にわたる。各地の地形や気温、雨量、日射量など、風土に適した茶葉が栽培されており、飲み比べをする楽しみもある。

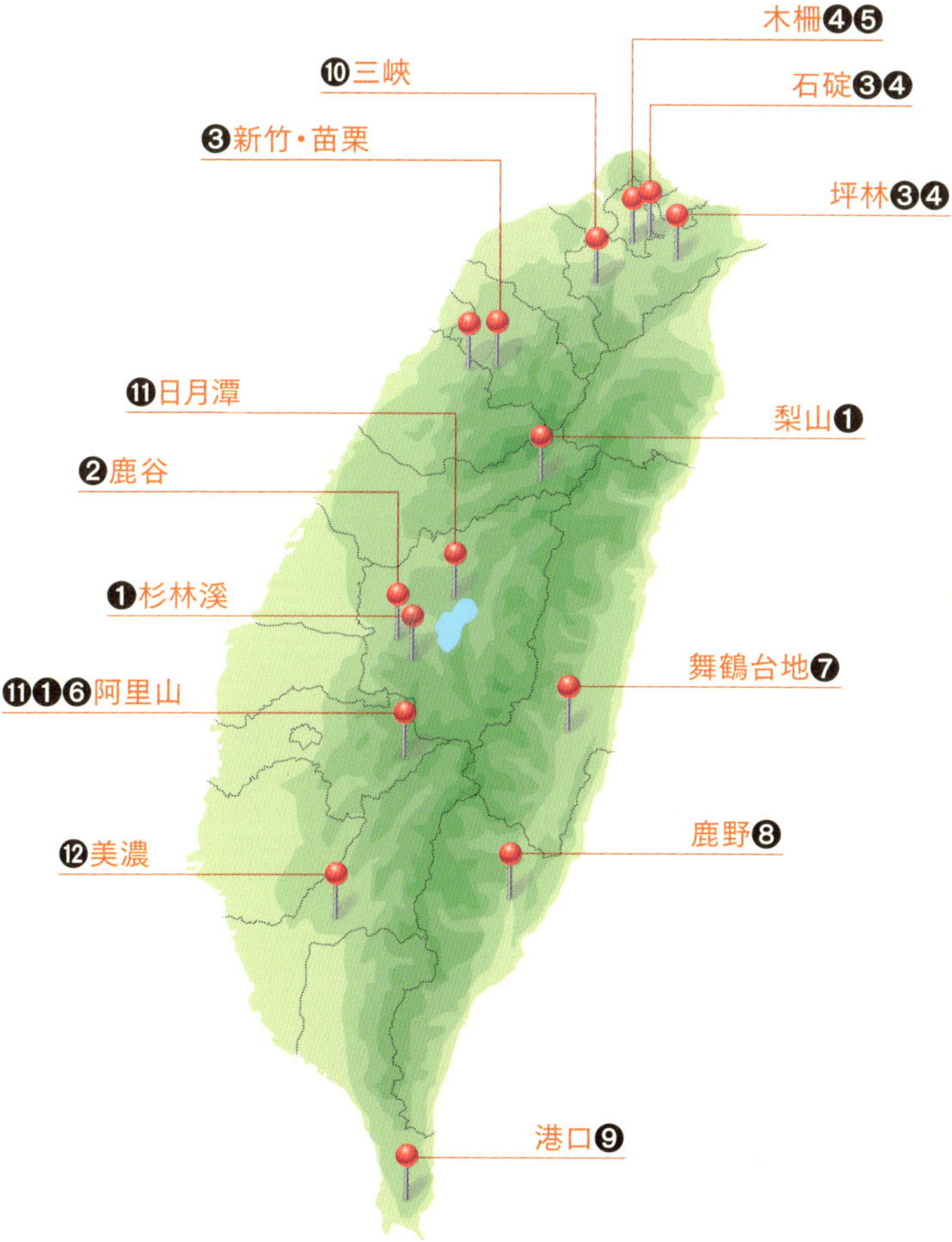

第2章

人々が愛する故郷

04

台中

知られざる大都会の魅力を探る

どうして台中に暮らさないの？

台中は生活環境の良さで知られる都市。台湾の人たちにアンケートを取ると、「暮らしたい都市」という項目で、決まって上位に食い込む。人口は二〇一七年八月に約二七八万人となり、高雄《たかお》市を抜いた。現在は新北《しんほく》市に次いで台湾第二位の人口を誇る都市となっている。生活環境の良さは台中の人の自慢のようで、私自身、親しくなると、かなりの頻度で台中に引っ越してくることを勧められる。

高層ビルが林立する台中の新市街

その暮らしやすさの背景にはどんなものがあるのだろうか。台中に暮らす知人たちに話を聞いてみた。

一人は生粋の台中っ子で、地元のケーブルテレビ会社に勤める汪仲豪《ワン・ツォンハオ》さん。おしゃべり好きな汪さんは台中の魅力を嬉しそうに挙げてくれた。そして、もう一人は台湾の方と結婚し、台中に十年以上暮らす藤見尚子《なおこ》さんだ。当初は台北に暮らし、台中に引っ越すことを躊躇していたと言うが、今では「台北よりも台中の方が暮らしやすい」と断言するほどの台中びいきになっている。

その理由を考えてみると、まずは、一年を通して天気が良く、美しい青空が広がっていることが挙げられる。冬場は北部ほど寒くならず、夏場は南部ほど暑くならない。気候は年間を通して穏やかである。しかも、台風は東南部から来ることが多く、高峻な中央山脈に阻まれるため、台中まで影響を及ぼすことは少ない。

また、台北と高雄の中間地点に位置し、どちらも日帰り圏内となる利便性も挙げられる。さらに、海や山の行楽地が多く、台湾随一のレイクリゾートである日月潭《じつげつたん》や高峻な山々が連なる合歓山《ごうかんざん》

台中郊外のリゾート地・日月潭

（海抜三四一七メートル）へも日帰りで遊びに行くことができる。ちなみに、海抜三二七五メートルに位置する武嶺《ぶれい》までは自家用車でアクセスできるので、山歩きを楽しむ人も多い。武嶺までは路線バスも通っており、富士山級の山々が気軽に訪ねられる。

さらに、台中の家並みは日本統治時代の都市計画に従って整備されているため、とても整然としている。戦後に発達した新市街には高層ビルが林立しているが、その隙間を埋め尽

七つの峰が連なる合歓山

無為草堂。台湾茶を優雅な雰囲気の中で楽しむ「茶芸館」

台湾香蕉新楽園。店内にレトロな空間を再現

日本時代の台中市役所はカフェ空間として生まれ変わっている

日本時代の眼科医院を整備した菓子店「宮原眼科」は、モダンな外観で、緑川の畔にある。洗練されたデザインのパッケージも印象的

くすように公園が設けられ、緑が溢れている。

そして、レストランやカフェ、喫茶店が多く、しかも、大型の一軒屋タイプが数多く見られることも特色とされる。訪れてみると、贅沢な空間利用に圧倒されてしまうことが少なくない。

たとえば、台湾の昔の町並みを再現したレストラン「台湾香蕉新楽園《タイワンシアンチアオシンラーユエン》」や日本統治時代に台中市役所だった建物を利用した「台中市役所 Café 1911」。瀟洒な赤レンガの老建築を用いた菓子店「宮原眼科」、広大な敷地に大きな池もある茶芸館「無為草堂《ウーウェイツァオタン》」など、枚挙にいとまがない。

こうしたレストランやカフェでは、インテリアや内装などでも個性を競っており、話題には事欠かない。また、座席の間隔が広いので、ゆったりとした時間を過ごせる。これらは他の都市ではなかなか見られず、台中ならではのものとされている。

台中発祥の飲食店

パールミルクティーも台中で誕生した

　パールミルクティーの元祖と言われる喫茶店「春水堂《ツンスェイタン》」のほか、鉄観音ミルクティーで知られる「茶湯會《ツァータンホェイ》」、レモン風味緑茶で爆発的な人気を誇った「清玉好茶《チンユィハオツァー》」、台湾産の新鮮なフルーツを使ったジュースが話題の「一芳水果茶《イーファンスェイクオツァー》」などのドリンクスタンドがある。さらに鍋料理店の「鼎王麻辣鍋《ティンワンマーラークオ》」や「無老鍋《ウーラオクオ》」、唐揚げ専門店の「繼光香香鶏《チークワンシアンシアンチー》」、ミルクヌガーがお土産として人気の菓子店「糖村《タンツン》」など、実に多くの人気チェーンが台中で生まれ、各地を席捲している。

そんな土地で暮らす台中の人々は、明るく気さくな人柄でありながらも、都会的なスマートさと進取の気性を合わせもつ。「台中の人たちから見ると、台北の人はドライな性格という印象があります。一方、南部の人たちは人情が濃すぎるので、時にはおせっかいに感じることもあります。人々が歩くスピードも、台北ほど速くなく、南部ほどは遅くない。ちょうど真ん中にあるのが台中なんですよ」と汪さんの言葉には自信が漲っていた。

確かに台中に行くと、これらの理由は納得できる。すべてが手ごろで程良いのだ。そして、賑やかでも静かでもない。なんとも程良い感じというのが台中の居心地の良さを支えているのである。

ファッションビルと伝統市場

台中について興味が尽きないのは、台湾の飲食チェーンの多くが台中を発祥の地としていることだ。その状況から、「食の流行は台中から始まる」と言い切る人までいる。アイデアや創造力に長けている人たちが多く、新しい創作料理やドリンク、デザートの新メニューが次々と登場している。

そんな台中で、最近話題になっているスポットを藤見さんが紹介してくれた。そ

瑞々しいフルーツや野菜が並ぶ

れは二〇一七年九月にオープンした「第六市場」だ。ここはスタイリッシュなファッションビルに伝統市場のコンセプトを持ち込んだという個性派マーケットである。

台湾の伝統市場では、店員とやりとりをしながら買い物を楽しむという独自のスタイルがある。果物を購入する際には食べ頃を聞き、野菜を購入する際にはおすすめを尋ねる。そして、時には値引き交渉をしたり、ネギやトウガラシなどのおまけをつけてもらったりする。小さなやりとりだが、サービスや心遣い、そして触れ合いを楽しみながら、買い物をしていく。

そういった中、ここ第六市場は伝統市場らしい人との触れ合いを残しつつ、ファッショナブルで快適な買い物空間を実現している。生鮮食品のほか、ジュースやかき氷などのデザート、麺や肉まんといった軽食類のほか、買い物の途中でも気軽に受けられるマッサージやネイルアート、エステなど、コンパクトな空間ながら、伝統市場にあるものはすべて揃っていると言ってもいい。

入っている店舗は約五十軒。聞けば、第六市場の運営チームが

ビルの中に八百屋や米屋などが入る第六市場

市場にはなぜかエステやマッサージ店もある

台湾紅茶の高級茶葉で作ったラテ

数ヶ月にわたって、約四百軒という候補の中から選び抜いたとのこと。店内には、彰化県の牧場で生産されたミルクと日月潭産の高級紅茶である「紅玉《ホンユイ》」をブレンドしたミルクティーや、台南産ウコンが入ったレモンジュース、南投県竹山《たけやま》産の竹製歯ブラシなど、他ではあまり見られない中南部の特色を生かした商品が並んでいる。

　この「新しくて懐かしい市場」は、今後、台湾の市場のスタイルに大きな影響を与えていくかもしれない。こうした新しい試みもまた、台中ならではのものと言えそうだ。

アートやカフェと融合した老市場

台中にはもう一つ個性的な市場がある。それは国立台湾美術館の向かいにある「忠信市場《ツォンシンスーツァン》」だ。緑溢れるストリート「美術園道《メイスーユエンタオ》」のすぐ脇に位置しているが、正直なところ、どこから入ったらいいのか迷ってしまう。しかも、外から内部を覗くと、かなり薄暗く、知らなければ入るのを躊躇《ちゅうちょ》してしまうかもしれない。

ここは一九六八年に建てられた市場で、当時は付近に米軍の宿舎群があり、賑わっていた。しかし、一九七九年にアメリカとの国交が断たれ、米軍が撤退すると、市場も急速に衰退していった。そして、一九九〇年代からは空き店舗が住居として用いられるようになっていった。

その後、二〇一〇年頃からはこの裏寂しい空間に魅力を感じた若い世代が店を出し始めた。現在はカフェやギャラリー、アンティークショップ、書店などが、野菜や果物を売る店に混じって並んでいる。

ここの最大の特色は住居と市場とアート空間が混在していること。午前中は生鮮食品を扱った店が並んでいるが、午後にこういった店が閉まると、今度はそれを待っていたかのようにカフェがオープンする。

そういったカフェの一つが「奉咖啡《フォンカーフェイ》」だ。台湾では古くから通りすがりの人たちにお茶を供する習慣があり、これを「奉茶《フォンツァー》」と呼んだ。ここではその発想を採り入れ、市場を通る人たちにお茶ではなく、コーヒーを楽しんでもらおうというコンセプトで営業を続けている。

ここはカフェというにはちょっぴり異質な空間である。店を囲む壁はなく、言わばオープンスタイル。ミシミシときしむ階段を上っていくと、二階には畳が敷かれた座席があり、三階は芸術家のアトリエとして使われている。

オーナーの方柏人《ファン・ポーレン》さんは優しく笑顔が絶えない青年。日系コーヒーブランドで営業マンとして働いていた経験があり、コーヒーに関する知識は豊富だ。友人の焙煎師から仕入れたコーヒー豆を布フィルターで一杯、一杯、丁寧に淹れてくれる。気さくでフレンドリーな性格だが、コーヒーを淹れる時の表情は真剣そのものである。

なぜカフェに壁がないのか、方さんに尋ねてみた。すると、「この場所ではぜひ耳を澄ましてほしいのです。子供たちが遊ぶ声やバイクが走る音が聞こえ、野菜を炒める匂いがしてくるはずです。ここに暮らす人々の生活を肌で感じることができます。ここに座って淹れたてのコーヒーを飲みながら、古い市場に根付いた

奉咖啡のオーナーはコーヒーを愛する青年

昔ながらの生活を五感で楽しんでほしいのです」と語る。

息を吹き返す生活骨董品

奉咖啡の向かいには赤い壁が可愛らしい「忠信民藝《ツォンシンミンイー》」というアンティークショップがある。経営するのは鄭心珮《ツェン・シンペイ》さんという快活な女性だ。小さな店内には、食器やバッグ、アクセサリー、おもちゃ、書籍、トランクなど、ありとあらゆる生活骨董品が溢れかえっている。年代もさまざまで、百年前のものもあれば、十数年前のものもある。

鄭さんは大学で美術を学んだ後、骨董商の道へ進んだ。「人々の暮らしに根ざしたものの中にこそ美がある」というのが信念で、昔の生活道具を修理しては自分でも実際に使う。「今のモノは単一のデザインや規格が多いですが、昔のモノはそれぞれが異なります。昔の道具を大事に使うことで、私たちの暮らしはより豊かになると信じています」と語る。

私が訪れた時には、若いカップルが日本統治時代の小学校の教科書を見ており、その中に挟まれていた一枚のハガキを中国語に訳してほしいと声を掛けられた。それは教科書の持ち主である女学生が教師に宛てたハガキで、ハガキを出しそびれたことを詫びる内容だった。「これはラブレターではないの？」と二人は興味津々だが、書き出しだけで終わっているのでその真相は藪の中だ。七十年以上も眠っていた一枚のハガキ。私たちは未完のラブストーリーに想像力を働かせ、大いに盛り上がった。

「生活骨董品には持ち主一人一人の思いが詰まっています。たとえ持ち主が亡くなっても、そのモノに宿る思いは生き続けるのです」と鄭さんはニコッと笑った。

百年の歴史を持つ「第二市場」

新しいスタイルの市場が生まれる一方、昔ながらの伝統市場も健在だ。台湾大道《タイワンタータオ》と三民路《サンミンルー》の交差点に位置する「第二市場」は一九一七（大正六）年に「新富町市場《しんとみちょういちば》」として開かれ、六角形の建物を中心に四方に広がっている。現在は二百軒近くの店舗があると言われ、生鮮食品や日用品を扱うほか、味自慢の屋台がずらりと並び、壮観だ。

ここは食通の間では「台中グルメの聖地」とも言われている。入口そばにある

第二市場は二軒の魯肉飯でも知られる。「李海」は夕方から深夜、「山河」は早朝から午後までの営業

「老頼茶桟《ラオライツァーツァン》」はちょっぴり甘くて濃厚な紅茶が看板商品。その隣の「三代福州意麵《サンタイフーツォウイーミエン》」はコシのある縮れ麺に黒コショウ風味の豚そぼろをのせた逸品で知られる。また、市場の奥には「李海《リーハイ》魯肉飯《ルーロウファン》」がある。ここの魯肉飯はご飯の上に大きな角煮がドンとのっており、そのボリュームに圧倒される。

この第二市場が位置するのは日本統治時代に開発されたエリアで、言わば、台中の「旧市街」である。在来線の台中駅を中心とし、放射線状に道路が伸び、かつては「台湾で最も新しく美しい町」と称せられていた。しかし、戦後は無秩序な開発が進み、雑然とした町並みとなってしまった。ただし、庶民派グルメはこういったところで今も昔も変わることなく息づいている。台中駅から歩ける距離にあるのも嬉しいところで、気軽にグルメ探索が楽しめる。

なお、ここ数年、旧市街の家並みは再整備が施されている。どぶ川のようだった緑川や柳川は河岸整備され、公園のような空間に生まれ変わっている。また、前述の菓子店「宮原眼科」では、「旧市街の活気を呼び戻そう」と、店員たちが毎日の掃除を欠かさないという。

伝吉さんと「てんぷら饅頭《まんじゅう》」

第二市場に近い路地の中に、私が台中を訪れる際に必ず立ち寄る店がある。それは「天天饅頭《ティエンティエンマントウ》」という一軒の饅頭《まんじゅう》屋さんだ。小さな屋台だが、いつ訪れても長い行列ができており、途切れることがない。

ここの商品は一種類のみで、看板には「日本饅頭」とだけ書かれている。それは「てんぷら饅頭」と呼ばれるもので、日本では長野県や岐阜県、福島県の会津地方などで見られる。揚げ饅頭に似ているが、こちらは衣がふわっとした食感で、弾力性がある。

創業者の簡両傳《かん・りょうでん》さんは一九二四（大正一三）年生まれで、公学校を卒業後、市内の「乃木煎餅店」で六年七ヶ月、菓子職人として修業を積んだ。店主からは「伝《でん》吉《きち》」と呼ばれ、可愛いがられていたという。しかし、戦況の悪化によって原料が配給制となり、菓子屋は閉店に追い込まれてしまった。その後、終戦まで、伝吉さんは別の仕事をしながら生活した。

戦後になって、伝吉さんは日本人に学んだ技を生かし、てんぷら饅頭の屋台を

台中市民の定番デザート。皮はサクサクとした食感

始めた。台湾の人々は甘すぎる饅頭を好まないので、砂糖は控えめにし、皮を厚くして、あんこは少なめにするという工夫を加えた。また、香りの良いアヒルの卵と台湾産の小豆を用いているのも特色だ。揚げる油も使い回しはせず、一時間おきに必ず交換する。こうしてきれいなきつね色のてんぷら饅頭ができあがる。

　伝吉さんのてんぷら饅頭は一個五元（約二十円）と安い。味に定評があり、根強い人気がある。ただ、時代の変遷に伴い、かつては台中だけでも多くの店があったというてんぷら饅頭だが、今や伝吉さんの店一軒のみとなっている。

　現在、店は父親のあとを継いで息子や娘が切り盛りしている。その仕事ぶりを見ていると、今や台中の景観の一つとなったこの店を守っていく使命感が見え隠れする。ひたすら饅頭を作り続ける姿からは、そんな気概が伝わってきた。

静かに、そして熱い台中人

　日本で刊行されているガイドブックを見ていると、台中の扱いが大きいとは言えない。台北や台南に比べると、割り当てられるページ数は少なく、正直なところ、もの足りないことが多い。

　ただし、知られていないということは、発見が多いということでもある。たと

きつね色に焼きあがったてんぷら饅頭

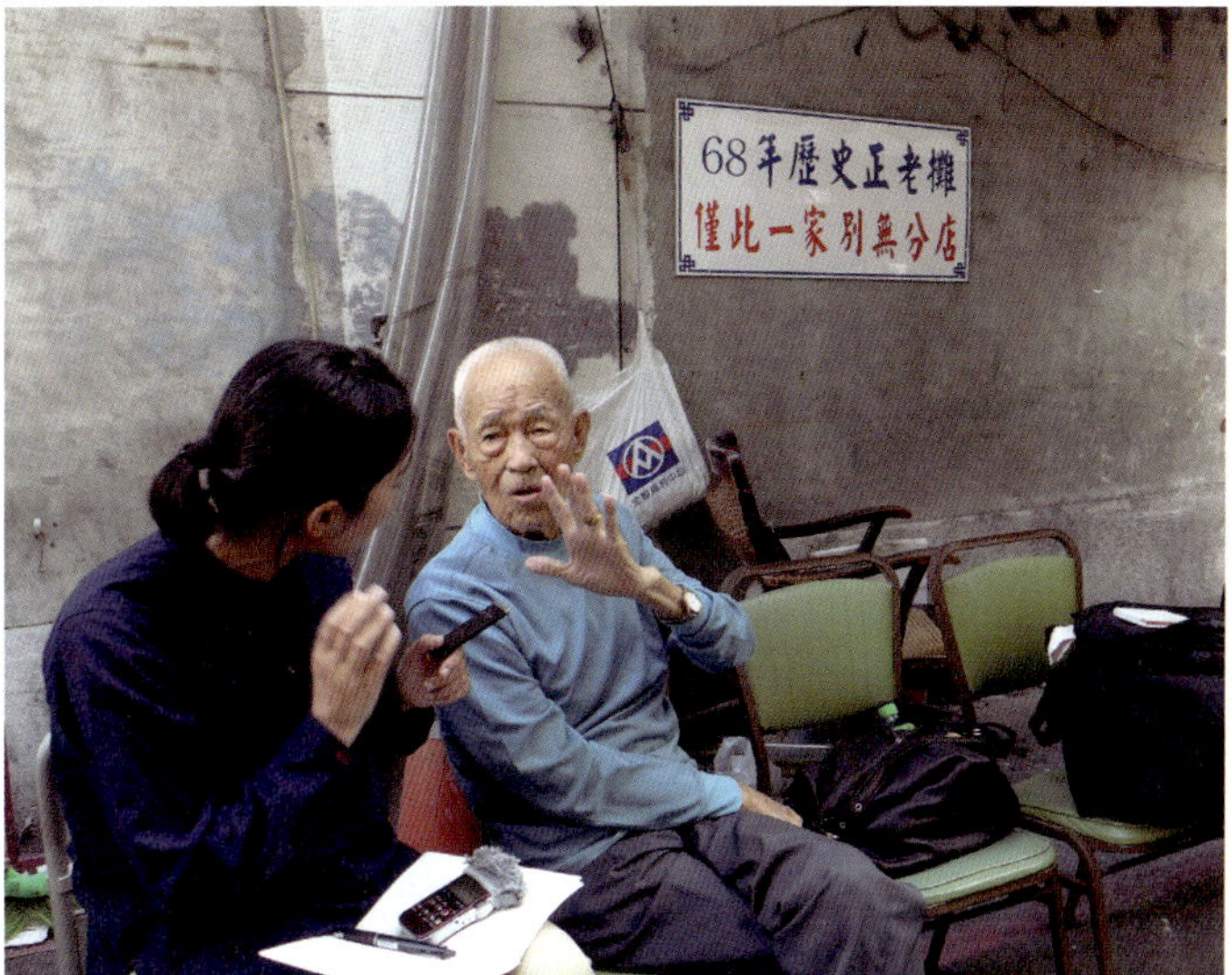

伝吉おじさんは戦前の思い出を熱く語ってくれた

えば、台中を代表する朝ごはんの一つに「炒麺《ツァオミエン》」というものがある。これは日本で言えば、焼きそばのことだが、台湾の他都市で見かけるものとはやや異なる。台中の炒麺は大きな中華鍋を用い、ニンジンや葱と一緒に多めの水で麺を炒め、蒸気をあてて保温。そして、注文を受けてから肉そぼろをのせて供される。これに、台中っ子が愛してやまない「東泉辣椒醤《トンチュエンラーチアオチアン》」という甘めのとうがらしソースをたっぷりとかけて食べる。そして、猪血湯《ズーシュエタン》（豚の血を固めたものが入ったスープ）を一緒に頼むのが定番とされる。

こうした朝食のスタイルは台中オリジナルと言うべきもので、台中以外の人たちの間では知られていない。もし台中出身の人と出会うことがあったら、朝ごはんには「炒麺」が食べたいと伝えてみよう。きっと喜んでくれるはずだ。好みは分かれるが、台中独自の食文化である。

台中は新しくてきれいなレストランやカフェばかりが目立つが、実はこうした隠れた郷土グルメが少なくない。こういったものを探すのも、台中を旅する面白さと言えそうだ。

後述する台南や高雄では郷土愛が強く表に出ている印象だが、台中の場合、それは心の内でひっそりと育まれているように見える。「より豊かに、より快適に、

台中オリジナルの「東泉辣椒醤」

「東泉辣椒醤」は台中の屋台には必ず常備されているソース。生産量が多くないため、台中以外では見かけることがほとんどない。また、麺に限らず、おこわやチマキ、餃子など、何でもこれを付けて食べるのが台中流。仕事や学業で故郷を離れなければならなくなった際、わざわざこれを持っていくと言う人も少なくないというほどの愛されようだ。原料はもち米を潰したものに、食塩や甘草粉、醤油、トウガラシなどを加える。名前は「辣椒醤（とうがらしソース）」だが、それほど辛くはなく、むしろ甘くてしょっぱさも感じられる。

台中人が好む庶民料理

「炒麺」は台中スタイルの朝ご飯

より楽しく暮らせるように」と静かな熱意を秘めている人たち。それがこの町の個性を形作り、誰もが暮らしやすい町にしているのではないだろうか。
「知れば知るほど興味が湧く街」。この言葉は、台中こそが最もふさわしい表現である。そう思えてしまうのは私だけだろうか。

アクセス情報
台中市内には公共レンタサイクル「You Bike(微笑単車)」がある。また、バスも便利。路線の整理が行なわれ、ぐっと便利になっている。路線はウェブサイトで。

市内バスは路線が充実

斬新なデザインで知られる国家歌劇院

台湾の流行は台中から生まれるとも言われる。若者たちも元気いっぱい

彩虹眷村（通称・虹村）は老人が描き続けた絵画空間。老いも若きも創作活動に熱心

05

嘉義《かぎ》

地方都市には地方都市の魅力がある

「この土地にしかないもの」を探る楽しみ

嘉義は南台湾の入口に位置する都市である。高雄《たかお》や台南《たいなん》に次ぐ規模を誇り、日本統治時代は阿里山《ありさん》で伐採される木材の搬出基地となっていた。林業関係者が暮らしていた木造宿舎群は今も残っており、「檜意森活村《クワイイーセンフォツン》（通称：ひのき村）」という公園として整備されている。ここには二九軒もの日本式木造家屋が残されており、一角全体が独特な雰囲気に包まれている。

色鮮やかなタイル

美しいタイルを集めた博物館

マジョリカタイルは1915年から1930年頃に台湾で流行した装飾タイル。幾何学模様や花、フルーツなどが描かれている。主に日本で製造されていた。台湾花磚博物館の館長である徐嘉彬《シュイ・チアビン》さんによると、台湾では澎湖《ぼうこ》や金門《きんもん》といった離島のほか、彰化《しょうか》県の家屋で多く残っているという。徐さんのタイルコレクションは四〇〇〇枚におよぶ。

通称「ひのき村」には戦前の日本家屋が残されている

また、市内には戦前の家屋を利用したカフェやレストランが点在する。中でも、元印刷所を利用したというカフェ「屋子裡有甜點《ウーツーリーヨウティエンティエン》」や、材木問屋だった建物をマジョリカタイル（花磚《ホワツワン》）の展示空間とした「台湾花磚《ホワツワン》博物館」はぜひ足を運んでみたい。マジョリカタイルは戦前に台湾の富裕層に好まれて使用されていた。色彩豊かなタイルのコレクションは一見の価値がある。

さらに、嘉義公園には嘉義神社の社務所や斎《さい》館《かん》、手水舎《ちょうずや》、神輿《みこし》を保管した祭器庫《さいきこ》などが残っている。なお、斎館は神官・祭員が身を清め、着替えなどをする建物で、台湾に現存する唯一の存在となっている。

また、嘉義は製材業のほか、製糖産業の中枢でもあり、多くの物資が集まる商業都市としても君臨した。肥沃な嘉南《かなん》平原は台湾屈指の農業

予約必至の人気カフェ「屋子裡有甜點」

地帯であり、甲子園準優勝という輝かしい実績を持つ嘉義農林学校★01の存在や、品種改良が盛んに行なわれていた農業試験場など、台湾の農業を牽引する都市でもあった。

そして、人口二十五万人あまりの都市でありながら、他都市に比べると、食堂や屋台が多いのも印象的だ。距離としては決して遠くない台南とは異なった、嘉義独自の食文化が見られる。ガイドブックなどで大きく取り上げられることは少ないが、街を歩いてみると、発見に満ち溢れた魅力的な都市であることが分かるだろう。

名物料理は謎に満ちていた

嘉義のご当地料理と言えば、まず挙げられるのが「火鶏肉《ほえけーばー》飯《ぷん》」である。これは七面鳥（中国語では「火鶏」と表記）の肉をスライスし、ご飯の上にのせ、タレをかけたもの。台湾ではどこでも見られる定番だが、嘉義ではニワトリではなく、あくまでも七面鳥の肉を用いるのがポイントだ。

★01
一九九七年に国立嘉義技術学院となり、その後、二〇〇〇年に国立嘉義師範学院と合併。現在は国立嘉義大学となっている。

店によって作り方が異なる「火鶏肉飯」

見た目は少々圧倒される火鶏（七面鳥）

火鶏肉飯は人々のソウルフードとも言える存在だが、実はその起源については定説がない。私もこれまでグルメ作家や、郷土史研究家、行政関係者などに話を聞いてきたが、いくつもの説があり、断定できるものは少なかった。そして、インターネット全盛の時代、不確かな情報が出回り、それが定着してしまうことも少なくない。誰もが愛してやまない名物料理だが、その歴史は神秘のベールに包まれているのである。

こういった状況だが、大まかに整理をしてみると、以下のようになる。

そもそも七面鳥は台湾土着のものではなく、日本統治時代末期、戦時中に飼育が推進されたという歴史を持つ。そして戦後、アメリカ軍が台湾に駐留した時代に定着したのだという。物資が欠乏していた時代、特に鶏肉は高価だったため、大型で価格が安い七面鳥は注目を集めた。

七面鳥は主に近隣の雲林《うんりん》県や台南《たいなん》の新営《しんえい》で飼育され、そこから嘉義市内に運び込まれる。高タンパク質で低カロリーの七面鳥肉は、風味や食感も優れている。そのため、火鶏肉飯は瞬く間に普及していった。驚くなかれ、現在は看板に「火鶏肉飯」と掲げている店だけでも市内に百軒以上、火鶏肉飯を供する店なら少なくとも百五十軒以上はあると言われている。

東市場の美食

牛肉スープと筒仔米糕《たんなびこー》以外には、薄いクレープのような生地でたっぷりの具を巻いた「潤餅《るんぴあ》（台湾風春捲）」や、漢方風味の羊肉スープ、さらにスターフルーツジュースにサイダーを加えたドリンクもある。嘉義を代表する古刹「城《じょう》隍廟《こうびょう》」の脇に伸びる光彩街《クワンツァイチエ》を進むと、すぐ左手に市場の建物が見えてくる。この建物の奥に屋台街がある。営業は6時頃から13時頃まで。日本時代の家屋も残る。

右側が火鶏肉片飯、左が火鶏肉飯

決め手はどこにある？

一見すると、火鶏肉飯はシンプルだが、店によってこだわりがあり、味わいはそれぞれ異なる。私はその奥義に触れてみたいと願い、嘉義の人と知り合うと、必ずおすすめの店を尋ねている。

私はこれまで二十軒ほどの店を取材し、オーナーに話を聞いてみたが、最初のポイントとなるのは七面鳥をどう茹でるかということ。短時間で火を通すところもあれば、反対に十二時間もかけて、弱火で茹でるところもある。当然ながら肉が硬くなりすぎないよう、火加減には細心の注意が払われる。

また、使用する七面鳥は弾力性のあるオスの肉を用いる店が多いが、柔らかくて脂身の多いメスの肉を用いる店もある。これも味わ

❶90年近い歴史をもつという牛肉スープの店
❷熱々の湯気が上がるおこわの蒸し器
❸丁寧に処理されたホルモンには臭みがない

東市場の筒仔米糕（おこわ）

いの分かれ道となっている。

次に火鶏肉飯にまぶすエシャロットだ。これはラードを用いて揚げるところもあれば、七面鳥の油を併用するところもあり、これによっても香りや風味が異なってくる。

そして、最も重要とされるのが、タレである。しかし、タレについて店主に質問を投げかけると、それまで饒舌だったのが一転して寡黙になってしまう。タレは店によってそれぞれ作り方が異なり、従業員にすら教えないこともあるという。まさしく門外不出の味であり、オーナーたちは日夜、研究を続けているのである。

ちなみに、肉を細かく裂いたものは「鶏絲《チースー》」と呼ばれ、スライスされたものは「肉片《ロウピエン》」と呼ばれる。後者を用いた「火鶏肉片飯」は他都市では見かけない嘉義ならではのもの。しっかりと肉の風味を味わえるので、ぜひ後者をオーダーしたい。

なお、食べる際にはよくかき混ぜ、ご飯とタレをしっかりとなじませるのが美味しくいただくコツだ。

朝ごはんは活気溢れる市場でいただく

嘉義の朝ごはんは「東市場」で楽しみたい。ここは日本統治時代から続く伝統

01

02

03

自家製マヨネーズをかける嘉義の涼麵

市場で、生鮮食品やお惣菜を扱うブースのほか、食べ物屋台が並んでいる。いずれも二代目、三代目が切り盛りする名物店ばかりだ。どの店でも中高年の男性客ばかりが目立ち、圧倒されてしまうが、台湾ではオジサン率の高い店は味の良い証とされる。

まず目につくのは牛肉スープの「王家《ワンチア》祖傳本産牛雑湯《ニョウザータン》」だ。ここは常に人だかりがしている人気店で、大きな鍋で大量のホルモンが茹で上げられている。その豪快な光景はまさに圧巻。聞けば、早朝六時の営業開始に合わせ、仕込みは深夜0時から始めるという。種類は牛肉スープとホルモン入りスープの二種類。牛肉は硬くならないように注文を受けてからさっと茹でる。台南も牛肉スープが有名だが、こちらのはスープが白濁しており、台南のものに比べると、やや濃い目の味付けとなっている。

その隣りには「筒仔米糕《たんなびこー》」の店がある。これはプリン型のおこわのことで、台湾では定番の庶民料理である。ここでは大きな木製蒸し器を用い、往年のスタイルを貫いている。木の香りが浸みこんだおこわは格別な味わいだ。ここでは特製のタレで揚げた骨付き豚肉「排骨酥《ぱいくっそー》」も合わせてオーダーしたい。もしくは、これを一度蒸し、スープに入れた「排骨酥湯《ぱいくっそーとぅん》」もおすすめだ。

人々の好みが名物を創りあげる

嘉義の料理はいわゆる「ご当地もの」が多い。また、他地域でも見られる定番であっても、食べ方や作り方が異なることが少なくない。

たとえば、「涼麺《リャンミエン》」は常温で食する汁なしの麺だが、あっさり風味の自家製マヨネーズをかけていただくのが嘉義のスタイル。一般的に、涼麺にはゴマだれをかけるが、嘉義ではその上に、さらにこの特製マヨネーズをかけるのだ。

中正路にある「品安豆花」の豆乳は燕麦を使用

また、大豆を用いたデザート「豆花《トウホワ》」にも個性が感じられる。嘉義ではシロップではなく、自家製の「豆漿《トウチアン》（無調整豆乳）」を入れる。最近は台北でも豆漿を入れる豆花が見られるようになっているが、嘉義で味わう「豆漿豆花」はやはり格別なものがある。

「嘉義人が好む味でなければ、嘉義では生き残れません」。そう語るのは魚スープで有名な「林聰明沙鍋魚頭《リンツォンミンサークオユィトウ》」の林佳慧《リン・チアホェイ》さんだ。林さんによれば、台北や高雄で人気のある店であっても、嘉義で定着するとは限らない。それは人々が「この町で育まれた味」を愛し抜いていることが理由なのだという。

林さんが手がけるスープも嘉義で生まれ、嘉義で育まれた名物料理だ。「沙鍋魚頭」は白菜や豚肉、豆腐、きくらげ、湯葉などが入った具だくさんのスープで、お好みで揚げた魚を加える。豚骨ダシをベースに、とうがらしや魚介の旨みを閉じ込めた沙茶醤（サテ・ソース）などが風味を添えている。ちなみに、私自身は魚を入れない方がよりスープ本来の旨みを感じられ、美味だと思っている。

「沙鍋魚頭《サークオユイトウ》」という名の料理は海鮮レストランなどでも見かけるが、この店のものは独自の味わいで、あくまでも嘉義のご当地料理である。一人で味わえるのも嬉しいところで、嘉義訪問の際は見逃せない一品だ。台湾では汁ものに関してはスープのお代わりが自由という店をよく見かけるが、ここほどそれを嬉しく思うところはない。

この料理を開発したのは祖父の林進卿《リン・ジンチン》さんだったという。一九五六年に小さな屋台からスタートし、これを父親の林聰明《リン・ツォンミン》さんが継いだ。現在の店舗は日本統治時代に振山眼科として建てられた歴史ある建物である。当初は軒下を借りて営業していたが、商売繁盛を受け、現在は一棟全部を店舗としている。大きな店構えだが、いつ訪れても行列が絶えない。林さんによれば、常連客を待たせないよう、

毎日店先に立つ林佳慧さん

日本統治時代に眼科だった建物を利用

林聡明沙鍋魚頭。魚はお好みで

黒人魯熟肉は行列の絶えない人気店

御香屋の葡萄柚緑茶（グレープフルーツ緑茶）

現在は数軒隣りにも新しい店舗を設けているという。

以前、私は『新個人旅行・台湾』（昭文社）というガイドブックの製作を夫の片倉佳史と請け負ったことがある。その取材で訪れたのが、沙鍋魚頭との出会いだった。当時の佳慧さんはまだあどけなさが残る女性だったが、今ではすっかり女性実業家の雰囲気で、その成長ぶりに嬉しさを覚えた。地元の人々に愛され、嘉義とともに発展していく名物店。そんなことを考えながら食べていると、美味しさがより際立ってくるような気がした。

「祖父から父へと受け継いできた味は五十年後も、百年後にも残していきたいと思っています。その頃、きっと私はこの世にいませんが、この味が残っていてくれたら嬉しいですね」と佳慧さんは熱っぽく語っていた。

台湾生まれの「中国菓子」を賞味

嘉義には火鶏肉飯以外にもご当地名物がある。それは四角い形をしたクッキー「方塊酥《ファンクワイスー》」だ。サクサクとした食感で、地元の人たちに愛され続ける郷土銘菓だ。

いくつかのブランドがあるが、元祖である「恩典《エンティエン》」を取材する機会を得た。

創業者である黨長發《タン・ツァンファー》さんは中国の甘粛《かんしゅく》省出身。中華民国の軍人として戦後に

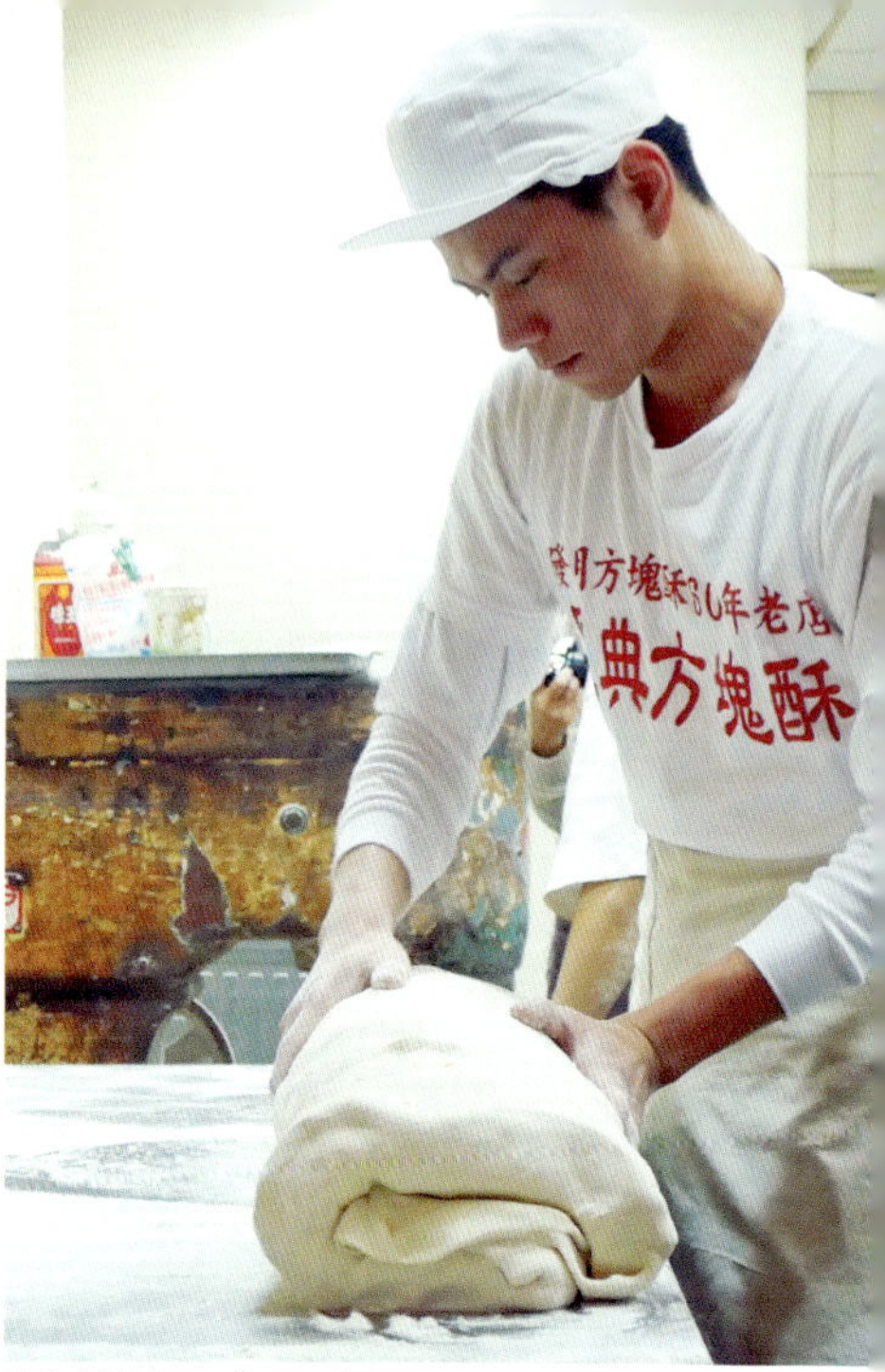

恩典方塊酥。三代目の黨璿さんも元軍人だ

国民党とともに台湾に渡ってきた。いわゆる「外省人《がいしょうじん》」と呼ばれる人々である。当時の暮らしぶりは厳しく、身よりのない台湾で生計を立てていくために、誰もが副業を強いられていたという。外省人は台湾において特権階級に居座るケースが多かったが、彼らのように異郷の地で苦労を強いられた人たちも少なくない。

黨さんは中国北方の点心「烙餅《ルオピン》（小麦粉の生地を薄く伸ばしたもの）」を売っていた。これは好評を博し、遠くからわざわざ買いに来る人たちも多かったという。しかし、冷めると味が落ち、携帯にも不便だったため、中国南方の中華パイ「酥餅《スーピン》」のスタイルを取り入れることにした。こうして誕生したのが「方塊酥」だった。つまり、中国北方の点心と南方の点心が台湾の地で一つになり、嘉義の名物になったのである。

その後、「方塊酥」は美食家として知られた蒋経国《しょうけいこく》総統にも気に入られ、全国的な知名度を誇るようになった。そして、二代目の黨慧泉《タン・ホェイチュエン》さんは、「父親の負担を軽くし、より多くの人たちに味わってもらいたい」という思いから、工場を建て

嘉義人のおやつ?!「魯熱肉《ろーしぇばっ》」

嘉義では「魯熱肉」という看板を見かける。これは煮込んだホルモンや腸詰め、湯葉巻き、「蟳粿(ちむくぇ)」と呼ばれる練りもののようなものの盛り合わせ。通常、店では20〜30種類の具が並べられている。台北では「黒白切《おべつぇっ》」と呼ばれるものに似ている。南門ロータリーに面した「黒人魯熱肉」は嘉義人なら誰もが知る名店だ。14時から営業を開始し、なんと16時には売り切れてしまう。店主によれば毎日朝6時に市場へ食材を仕入れに行き、仕込みを始めるという。どれも丁寧に調理されていることが伝わってくる味わいだ。これを嘉義の人々は夕食のおかずにしたり、おやつとして食べたりする。ここにも嘉義独自の食文化が見られる(P100)。

大量生産に踏み切った。一時は台湾各地で二百ヶ所で売られるほど事業は拡大したが、機械生産では本来の味を保つことができなかった。

黨慧泉さんは自らの誤りを深く悔いた。原点に戻ることを決意した黨さんは再び父親の元で、作り方を一から学び直し、手作りにこだわるようになった。こうして、「方塊酥」は人々の信頼を取り戻し、現在に至っているという。

現在、「恩典」は嘉義市中山路《ツォンサンルー》と郊外の北港《ほっこう》に店舗があるのみだ。正直なところ、店の外観は地味で、気がつかなければ通り過ぎてしまう。パッケージも華やかさを追いかけたりはしていない。それでも、本物の味を求めに訪れる人たちが後を絶たない。私が取材をしている間も、ひっきりなしに買い物客がやってきては、「方塊酥」を買っていった。

嘉義の郷土銘菓「方塊酥」

店の二階にある工房を見せてもらった。ここでは、生地を捏ね、伸ばし、折り重ねるという作業がひたすら繰り返されている。生地は二四三層にすることにこだわっているというが、見ているだけでも重労働であることが分かる。

洪雅書房は台湾文化に関する書籍が豊富に揃う

中国点心から発想を得て、今や押しも押されもしない嘉義銘菓に成長した「方塊酥」。そこには黨一家の成功と失敗、そして復活の軌跡があった。現在は三代目の黨璿《タン・シュエン》さんが店を継ぎ、祖父の味を伝えている。

「沙鍋魚頭」しかり、「方塊酥」しかり、こうして土地の味覚は引き継がれていく。そういった味わい、そして人々の心意気に触れるのも、地方取材の楽しみである。

郷土史研究を続ける書店の青年

一九九〇年代後半から台湾は郷土史研究ブームに沸いている。ここ嘉義にも歴史建築の保存に尽力してきた人物がいる。「洪雅《ホンヤー》書房」という書店を営む郷土史研究家の余國信《ユィ・クオシン》さんだ。ここは郷土の歴史や文化、原住民族、自然生態などに関する書籍を扱う専門書店。店名はかつて嘉義一帯に暮らしていたという平埔《へいほ》族（平地原住民）の一部族、ホアニヤ（洪雅）族に由来する。

余さんが書店をオープンしたのは一九九九年のことだった。当時、私たち夫婦は日本統治時代の遺構を調査するため、頻繁に嘉義を訪れていた。その際に友人を介して知り合ったのが余さんだった。

ここ数年、台湾では郷土文化を探究し、文化の発信基地として機能する小規模な書店が各地に誕生している。これは「獨立書店《トゥーリースーティエン》」と呼ばれて定着しているが、当時はまだ珍しい存在だった。正直なところ、ヒョロヒョロと痩せ細ったこの若き青年が書店経営で生きていけるのか、他人事ながら心配したものだった。

当時の台湾は李登輝《りとうき》総統の登場によって進められた民主化に伴い、台湾各地で郷土の歩みを見つめ直そうとする動きが活発になっていた。日本統治時代の建造物についても、冷静で客観的な評価の下、保存が叫ばれるようになっていた。余さんも書店を経営する一方で、日本統治時代に建てられた嘉義監獄の保存運動を

洪雅書房のオーナー・余國信さん

「玉山旅社咖啡」の2階は畳敷きだ

嘉義監獄は博物館となり、見学が可能

始めるようになった。

嘉義の監獄は中央に監視舎を置き、獄舎が放射状にのびるという配置となっている。少人数で多くの収容者を監視できるこのスタイルは旧網走監獄や旧奈良少年刑務所など、日本各地に見られたものである。台湾では数ヶ所でこういった監獄建築が見られたが、現在も残るのはここだけとなっている。余さんたちが保存運動に奔走した結果、二〇〇五年五月二六日に国の文化財として認められた。現在は博物館となっており、一般公開されている。

さらに二〇〇九年には阿里山森林鉄路の北門駅向かいに「玉山旅社咖啡《ユィサンリュィサーカーフェイ》」というカフェ兼ゲストハウスを開いた。ここは戦前に建てられた木造家屋を利用している。建物の傷み具合はかなり激しかったが、経費節減のためにインターネットでお手伝いしてくれる人を募集し、自分たちで修繕作業を行なったという。二階には畳を敷いたコーナーもあり、駅前旅館の雰囲気が残っている。

現在、余さんは歴史建築の保存に限らず、環境保護などにも積極的に関わっている。そして、運動のみならず、雲林《うんりん》県で自然農法による米の自家栽培なども実践している。

「この土地が歩んできた足跡を記録するのと同時に、自分たちの身の回りに起こ

洪雅書房のオリジナル散策マップ

っている諸問題について、より多くの人々と分かち合っていきたいのです」と語る余さん。毎週水曜日に作家や芸術家、社会運動家などを招いて、講演会を催している。これは一九九九年から始まり、すでに九百回を超える。最近では政府機関から調査事業を依頼されることも多いという。

今や誰もが認める嘉義の郷土史研究家。私は時々、かつての余さんの姿を思い出す。そして、余さんが理想としていたことが、今では台湾全体の一つの潮流となっていることに感慨を禁じ得ない。

なお、「獨立書店」は経営が不安定なため、数年で店じまいしてしまうところも多い。余さん自身も、「ここまで続けられているのは運が良かった」と笑う。しかし、これは強い意志と地道な努力、そして明るくて人懐っこい性格の賜物だろう。二〇一六年にはイラストレーターの女性と結婚し、公私ともに順風満帆だ。今も、相変わらず痩せているが、その情熱と熱意に満ちた姿には、たくましさを感じる。

ところで、余さんにも嘉義の食事情について聞いてみた。すると、先述の林さんと同じような答えが返ってきた。「嘉義人には味付けや調理方法に自分たちのスタイルがあります。それを理解しないと嘉義では成功しないんです」と語っていた。その静かな口ぶりに、嘉義人の静かな郷土愛と思い入れが感じられた。

絶大な人気を誇る劉里長鶏肉飯

アクセス情報

嘉義市内は徒歩で散策可能だが、公共レンタサイクル「e-bike」もある。獄政博物館や嘉義公園、神社跡へは距離があるので自転車を利用したい。駅から中正路を歩いて文化路、東市場まで進むと、街の雰囲気に触れられる。

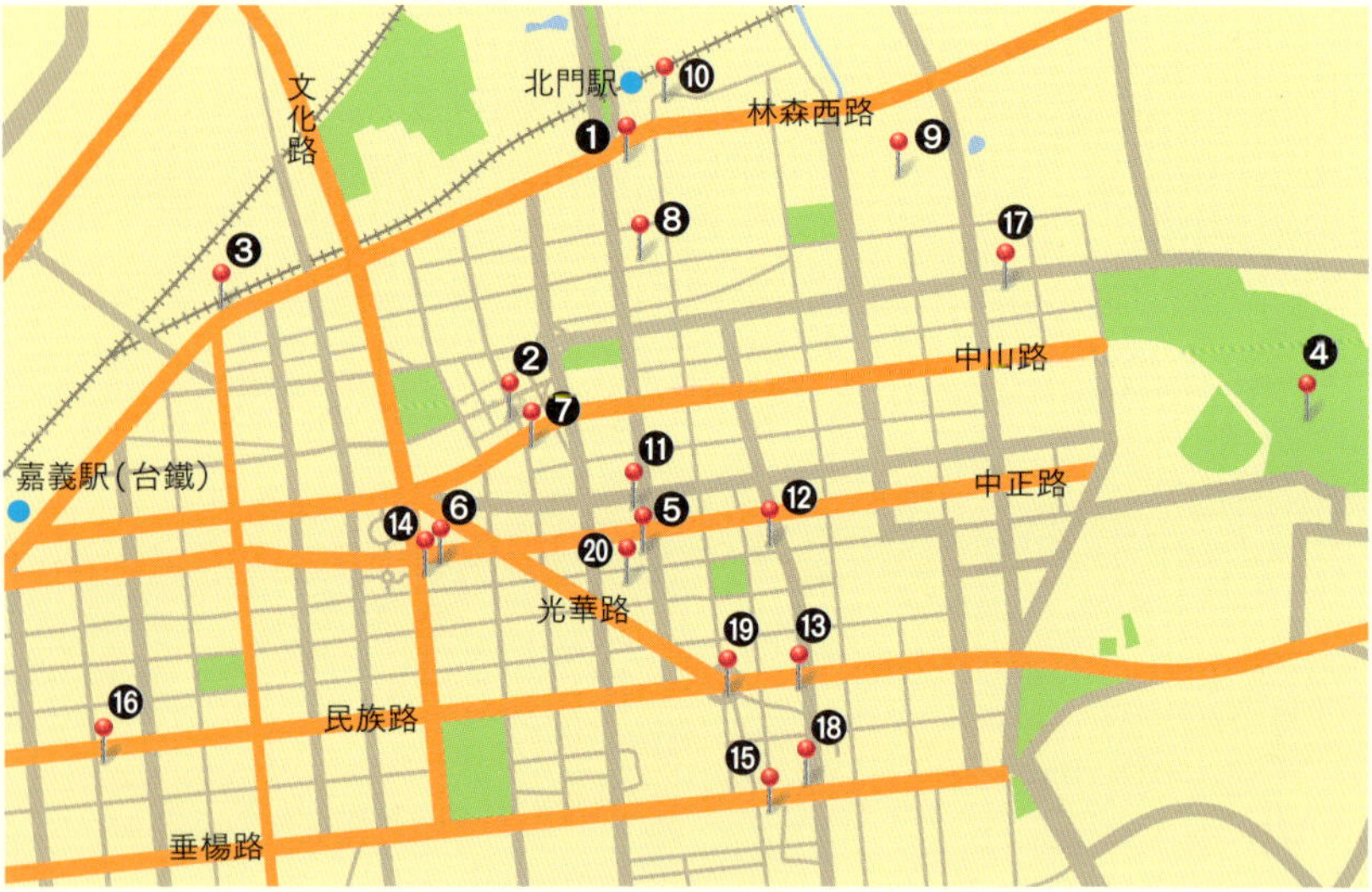

❶ 檜意森活村
❷ 屋子裡有甜點
❸ 台灣花磚博物館
❹ 嘉義神社跡
❺ 東市場
❻ 林聰明沙鍋魚頭
❼ 恩典方塊酥
❽ 洪雅書房
❾ 嘉義旧監獄
❿ 玉山旅社咖啡
⓫ 劉里長
⓬ 東門
⓭ 民主
⓮ 郭家
⓯ 嘉義人
⓰ 呆獅
⓱ 桃城三禾
⓲ 和平
⓳ 黒人魯熟肉
⓴ 嘉義城隍廟

火鶏肉飯を食べ比べる!

安くて早くて美味しい庶民の味覚。嘉義の火鶏肉飯はとてもハイレベルな競争をしており、どこで食べても大きく外れることはないと言っていい。ガイドブックなどでは市の中心部にある「噴水鶏肉飯」が取り上げられるが、地元の人々はそれぞれにお気に入りの店がある。いろいろと食べ歩いて、ベストな店を探してみよう。

⑪ 劉里長《リョウリーツァン》

約60年の歴史を誇る老舗。歯ごたえのあるオスの七面鳥を選び、前日から12時間かけてじっくり茹でている。肉はしっとりとした食感で、タレには自家製醤油と煮汁などを使用。

嘉義市公明路197号(東市場近く)・6:30～14:30、17:00～20:00・月曜休み・呉鳳北路と公明路の交差点から東へ進む。

⑫ 東門《トンメン》

余國信さんイチオシの店。東市場に近く、早朝5時から夜8時半までと営業時間が長い。全体的にあっさりとした味付けでクセがない。
嘉義市光彩街198号・5:00～20:30・無休・嘉義城隍廟横の光彩街を和平路まで進む。

⑬ 民主《ミンツー》

ラードで炒めたサクサクとした食感のエシャロットが自慢。他店ではオス肉を用いることが多いが、ここは脂身が多くて柔らかいメス肉を使用。味、食感ともに深みがある。

嘉義市民族路149号・10:00～20:40・無休・和平路と民族路の交差点近く。

⑭ 郭家《クオチア》

注文が入ってから手で肉を切るのがこだわり。しっとりと柔らかいのが特色。また、エシャロットをラードと七面鳥の油で炒めているので全体的に脂っこさがなく、食べやすい。

嘉義市文化路148号・10:00～翌3:00・無休・文化路夜市内。

⑮ 嘉義人《チアイーレン》

ここの特色は七面鳥の茹で加減が八分程度であること。見た目はやや赤っぽいが、しっかりと歯ごたえが感じられる。店でこの茹で方ができるのは店主ただ一人のみ。
嘉義市垂楊路155号・5:00～14:00・無休・南門ロータリーから徒歩約5分。

⑯ 呆獅《タイスー》

地元新聞記者がお勧めしてくれた一軒。70年の歴史を持つ。タレは七面鳥の骨と醤油、漢方薬などを煮込んだもの。全体的にあっさりとした風味で、かつ20元と格安。

嘉義市民族路665号・10:00～20:30・不定休・民族路と西門街の交差点近く。

⑰ 桃城三禾《タオツェンサンフー》

「七面鳥は骨の芯までは茹でない」という絶妙な茹で加減にこだわっており、程よい柔らかさとなっている。全体的にさっぱりとした味付けで、満腹でも食べられてしまう。
嘉義市民権路97号・10:00～20:00・木曜休み・嘉義公園の近く。

⑱ 和平《フーピン》

ここは七面鳥肉の「新鮮さ」で勝負。1～2時間茹でるのみで、肉本来の味を引き立たせている。また、タレにもこだわりがあり、独自の香りがあるのでエシャロットを添えないで食べる常連も多い。
嘉義市和平路107号・7:00～20:30・無休・南門ロータリーから徒歩約5分。

06

台南

「古都」ではない古都

「府城人」を名乗る人々

台南は悠久の歴史が刻まれている土地である。台湾の歴史を振り返ると、十七世紀のオランダ統治時代に始まり、それを駆逐した鄭氏政権、清国統治時代、そして日本統治時代、さらに戦後の中華民国時代と、それぞれの時代を象徴する建物や史跡がそこかしこに存在する。著名な物件のみならず、名もなき遺構や遺跡が自然な形で存在するのが、この町の特色と言われている。

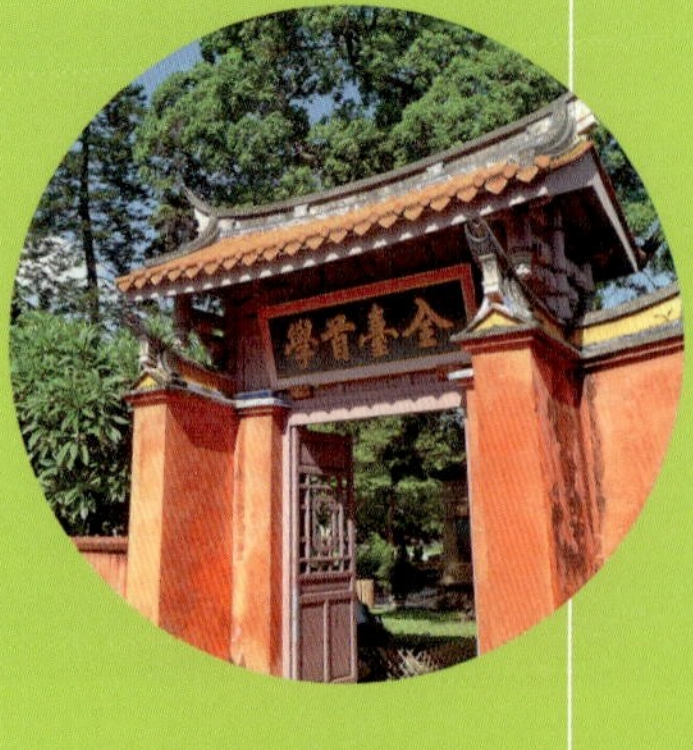

色とりどりのフルーツが並ぶ市場の様子

そんな土地で生まれた人々は自らを「府城人《ふーしあらん》」と名乗る。台湾では通常、台北の人は自らを「台北人」、高雄の人は「高雄人」と言うが、台南の場合は府城人を名乗る場合が多い。この言葉は清国統治時代に台湾府が置かれていたことにちなむが、同時に、郷土への思いや愛着の深さを表現する言葉にもなっている。

また、台南は「食の都」でもある。屋台や食堂がひしめき合い、その味を競っている。府城人にはそれぞれ祖父母の代から長年愛してきたお気に入りの店があり、店と客の間に、「行きつけ」、「お得意様」などといった言葉では表しきれない、確固たる信頼関係があったりする。

日本由来の台南料理？

台南の食文化は台北のそれとは大きく異なる。台南は「小吃《シアオツー》」と呼ば

香菇飯湯（シイタケ入り雑炊）

れる屋台料理が発達しており、歴史によって培われてきた庶民の味を楽しむことができる。これらは「府城小吃《ふーしあしおちゃっ》」と呼ばれるが、それぞれに歴史があり、興味深いエピソードが隠れている。食べる楽しみはもちろんのこと、台南の食文化は知る楽しみ、学ぶ楽しみまで充実しているように思えてならない。

そんな台南の料理だが、中には日本の影響を受けたものも見られる。

市の中心部にある永楽市場の近くに「國華街《クオホワチエ》」という通りがある。ここには府城小吃の名店が集まり、見逃せないグルメスポットとなっている。

その中の一軒、「石精臼《ちおちぇんくー》蚵仔煎」という店は、私が雑誌などで台南を取り上げる際には、必ず紹介する店の一つだ。ここには看板の「蚵仔煎《おあつぇん》」というカキ入り卵焼きのほか、「香菇飯湯《シアンクーファンタン》」というメニューがある。これはご飯の上に甘みの効いた味付けのシイタケや豚肉のほか、タケノコやエビなどをのせ、その上からあっさりとした豚骨スープをかけたもの。いわゆる出汁《だし》茶漬けに近いものだ。

店主の張大喜《ちょう・だいき》さんによれば、この料理は日本統治時代、先輩の調理人が役所の厨房で見習いとして働いていた際、日本人が作るお茶漬けを見て、真似てみたのが始まりだったという。

この店にはいくつかのこだわりがある。まず、豚骨スープは毎朝二時間かけて

石精臼蚵仔煎のオーナー、張大喜さん

蝦仁飯はアヒルの卵を用いた目玉焼きとの相性もいい

老若男女に愛される「鍋焼意麺」

仕込み、その後は一日中、鍋の火を絶やさない。また、シイタケと豚肉は醤油の味が浸み込むように、前日から仕込む。米は新米では柔らかすぎるので、一年寝かせた古米をあえて用いる。

また、海安路《ハイアンルー》沿いにある「矮仔成蝦仁飯《アイツァイツェンシアレンファン》」の「蝦仁飯」も、日本とのかかわりが見える。これはカツオ出汁《だし》で炊いたご飯の上に、ラードと醤油、砂糖で炒めたエビ（蝦）をのせたもの。言わば、エビをのせた炊き込みご飯といったものである。台南の料理は甘い味付けが特色とされるが、ここもその例に漏れない。ほんのりとした甘い味付けが印象深い味わいとなっている。

オーナーである宋展維《ソン・ツァンウェイ》さんに話を伺ったところ、創業者の葉成《よう・せい》氏は戦前に日本料理店「明月樓《めいげつろう》」で料理を学んだという。その後、独立して小さな日本料理店を開いた際、漁師たちからエビが豊漁なので、エビを使った料理を考案してほしいと頼まれ、そこで日本風のカツオ出汁をベースにした丼ものを作ったところ、好評を博した。それがこの「蝦仁飯」の始まりだったという。

さらに台南でよく見かける「鍋焼意麺《クオシャオイーミエン》」も日本の影響を受けている。これはその名の示すとおり、日本の鍋焼きうどんから発想を得ている。意麺とは台南を代表する麺の種類で、生麺を一度素揚げしたもの。創始店とされる「民族《ミンツー》鍋焼老店」

大勢の若者で賑わう「正興街」

では鶏卵とアヒルの卵を麺の生地に練り込むことで、豊かな香りを生み出している。具にはエビ天や魚てんぷらなどが入っている。「鍋焼意麺」はもちろん、「香菇飯湯」も「蝦仁飯」も、どこか懐かしい味わいで、日本人の口にぴったりと合う。今ではすっかり地元に溶け込んだ存在で、台南を代表する郷土料理の仲間となっている。

「路地裏雑誌」のある小道

台南には代々続く老舗が残る一方、若者たちが手がける新しい店も増えている。

どの都市にも脚光を浴びて賑やかな路地があれば、衰退して寂れてしまった路地もある。こういった現実の中、勢いを失った路地に活気を呼び戻し、再生を目指そうとする試みが地元の若い世代によって行なわれている。これもまた、台南の町歩きの面白さを支えている。

近年、話題となっているのは、四つの路地である。築百年以上

「彩虹來了」のオーナー、高耀威さん

の二階建ての老家屋が連なる「神農街《センノンチェ》」、清国時代の城門が残る「信義街《シンイーチエ》」、赤崁樓《ツーカンロウ》の近くにある「新美街《シンメイチエ》」。そして、日本統治時代に台南最大の公設市場だった西市場の近くにある「正興街《ツェンシンチエ》」だ。

西市場は百年の歴史を誇り、かつては隆盛を誇ったが、近年は麺の店やかき氷店が数軒営業する程度になっていた。しかし、二〇一四年頃から若い世代が営むデザート店や軽食店が次々とオープンし、活気を取り戻した。今や人気スポットとして生まれ変わっており、話題を集めている。

そのすぐ近くにあるのが正興街だ。ここには築二百年の古民家を利用したレトロ食堂「小満《シアオマン》食堂」や、民宿やショップを併設したリノベカフェ「正興咖啡館《ツェンシンカーフェイクワン》」、さらにメロンとシャーベットの創作デザートで知られる「泰成水果《タイツェンスェイクオ》」などがあり、雑誌やガイドブックなどでも必ず取り上げられている。

しかし、この通りで私が注目したいのは、個性を競うショップではなく、この通りで行なわれているユニークな試みだ。ここには「正興幫《ツェンシンパン》」という町内会に似た組織があり、街を活性化させるべく、地元の歌手によるライブや映画の上映会など、さまざまなイベントが催されている。そして、二〇一四年からは「正《ツエン》興聞《シンウェン》」というコミュニティ誌まで発行しているのである。

　これは路地の日常を綴ったストリート・マガジンで、ここに暮らす人たちの思いが詰まっている。「世界で最も視野が狭い雑誌」という謳い文句を掲げているが、その名は今や全国区。雑誌の売り上げはすべてイベントを行なう際の資金に充てられているという。

　一体どんな人がこの雑誌を手掛けているのかと興味が沸き、編集長を訪ねてみた。中心メンバーである高耀威《カオ・ヤオウェイ》さんは「彩虹來了《ツァイホンライラ》」というショップのオーナーだ。奥さんと一緒にカラフルなTシャツを製作販売している。ちなみに、ここの商品は生地も裁縫も、すべて「メイド・イン・台南」というこだわりようだ。

「正興聞」

　高さんは基隆《きいるん》出身で、もともと台南とは縁もゆかりもなかったが、二〇一〇年

「米街」の壁画

にたまたま正興街に空き物件を見つけ、店を開くことになった。その後、この通りのショップのオーナーや地元の人たちと親しくなり、この路地に魅せられていった。そして、「正興幫」を立ち上げるに到った。

高さんはラジオのパーソナリティーやコピーライターなどの経験があり、企画力やアイデア力に優れている。彼らが企画した活動は話題を呼び、それまで観光客をほとんど見かけることがなかった地味な路地は、若者たちで溢れかえるようになった。最近は日本人観光客の姿を見かけることも増えている。

「米街」と呼ばれる路地

こうした活動は正興街一帯だけではない。市の中心部に位置する新美街《シンメイチェ》でも同じような動きが見られる。

新美街はかつて、米問屋や精米所が集まっていたことから「米《びー》街《けー》」と呼ばれていた。その名は清国統治時代の地図にも記載されており、ここが重要な通りだったことがうかがえる。この辺

ここは台南小吃の発祥の地？

新美街と民族路の交差点の一角は「石春臼《ちーおっちぇんくー》（石精臼）」と呼ばれている。これはこの一帯で米を脱穀する石臼《いしうす》などがよく見られていたことに由来する。後に廣《こう》安宮《あんぐう》という廟の前に屋台街が形成され、「台南小吃の発祥地」と呼ばれていた。しかし1984年に廣安宮が再建されることになり、屋台は市内各地に移転していった。その際、移転後もここの名を掲げる店は多く、現在國華街にある「石精臼蚵仔煎」（113ページ）もその一つ。

りは寺廟が多いことから、お供えものや伝統的な紙の装飾品、爆竹、花火などを扱う店が集まり、問屋街として賑わっていた。さらに、行商人が利用する旅社も数多く集まっていたが、時代の変遷により、一九八〇年頃にはその賑わいは消え去り、すっかり寂れてしまった。

そんな中、二〇一四年頃から状況に変化が現れた。古い家屋を利用した雰囲気のあるショップやカフェ、民宿ができ始めたのである。中庭のある中洋折衷様式の建築を用いた民宿兼イベントスペースの「來了《ライラ》」は、インテリアにもこだわり、別世界のような空間が作り出されている。ここは日本統治時代には「陸發《りくはつ》」という版画店があった場所だ。また、「赤崁璽樓《ツーカンシーロウ》」というベジタリアン料理レストランは、皮製品で富を築いた洪一族が建てた四階建ての豪邸を利用したもの。建設時は後述するハヤシ百貨店（林百貨）に次ぐ高い建物だったという。

さらに、私のお気に入りはフルーツパーラーの「鳳冰果舗《フォンピンクオプー》」だ。フルーツを愛してやまないオーナーの蕭鳳《シアオフォン》さんは「台南には昔ながらの果物屋は数多くありますが、若者たちがデートで使えるような店は多くないのです。そこで若い世代にも台湾が誇るフルーツをもっと味わってもらいたい」と、この店を開くことにしたのだと言う。

米街の歩き方

米街の散策は南から北に向かって進むのがおすすめ。国家一級古跡の媽祖廟「大天后」からスタートし、正面の路地を突き進み、新美街を左折すると、すぐに「金徳春老茶荘」がある。そして、新美街を北へ戻るように進むと、斜め向かいが「隆興亞鉛店」だ。民族路を越えて、新美街を進むと、左手に「來了」がある。一つ目の路地（西門路二段372巻）を左折すると、「赤崁璽樓」。再び新美街へ戻り、少し進むと、左手に「鳳冰果舗」がある。さらに進むと、成功路の少し手前に「新協益紙行」がある。成功路を越えて、すぐ左手には「舊來發餅舗」が建つ。新旧さまざまな店が混在し、個性ある路地となっている。付近にも老家屋や老舗が多い。

米街人文會社が製作したマップと冊子

お祓いに用いる紙人形（新協益紙行）

開業の際にこの場所にこだわったのは、ご主人の陳宏斌《ツェン・ホンピン》さんだった。陳さんはこの界隈で生まれ育った生粋の「府城人」である。この通りには子供の頃の思い出がぎっしり詰まっていると言う。「昔は赤崁樓前の民族路《ミンツールー》に夜市★01（ナイトマーケット）があり、よく親に連れて来てもらいました。また、中秋節や旧正月の時にはここへ花火や爆竹を買いに来ました」と語る。

しかし、その後、新美街は勢いを失い、近年は没落した感を否めなかった。そこで、かつての賑わいを取り戻してほしいと願った陳さんは二〇一五年に仲間と一緒に「米街人文會社《ミーチエレンウェンホェイサー》」という組織を立ち上げた。

現在は通りの歴史を紹介するイベントや講演会、町歩きツアーなどを催している。また、中秋節や旧正月などにはフリーマーケットも開催している。その参加団体数は二〇一五年時は十数軒ほどだったが、二〇一七年時には七十数軒となった。陳さんたちの試みは確実に実を結び始めている。

「米街」で老舗をめぐる

「米街」には今もいくつかの老舗が残る。その一つが南端にある「金徳春《チンターツン》老茶荘」だ。ここは一八六八年に創業したという茶行（茶葉店）。年季の入った大きな陶

★01
赤崁樓前の民族路上にあったナイトマーケット。約二百メートルにわたって四百軒近くの屋台が並び、当時は台南最大の規模だった。その後、交通問題などが起こり、一九八三年八月三一日に幕を閉じた。

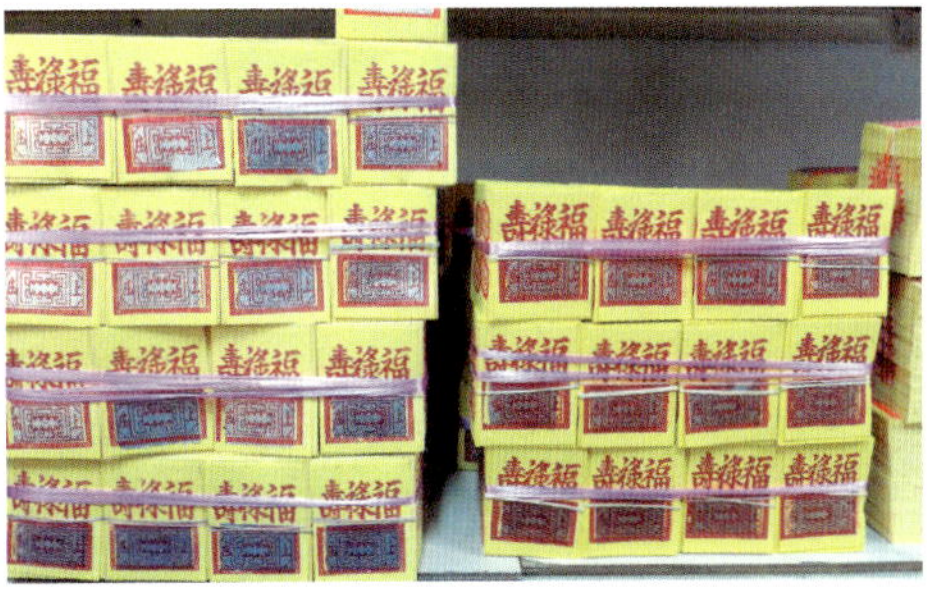

「福禄寿」の文字が並ぶ

隆興亞鉛店のミニ塵取りは人気商品

製の茶甕がずらりと並び、圧倒される。この茶甕は清国時代に、商人が中国大陸から物資を運ぶのに使用していたもの。これを譲ってもらい、茶葉を詰める容器に使用し始めたという。

その向かいには「隆興亞鉛店《ロンシンアーイエンティエン》」という亜鉛製品の小さな工場《こうば》がある。ここでは寡黙なご主人の蔡東憲《ツァイ・トンシエン》さんと笑顔の絶えない奥様が迎えてくれる。蔡さんによれば、一九六〇年頃から七〇年代にかけて、市内にはこういった金物屋が至るところにあったが、プラスチック製品の登場とともに衰退し、現在はここ一軒だけになってしまった。蔡さんは父親から受け継いだ技を守り、今でもコップや洗面器、桶などを一個一個、丁寧に作りあげている。茶缶やミニ塵取りをお土産に買っていく人も少なくない。

そして、「米街」の北側には宗教儀式で用いる紙製品などを扱った「新協益紙行《シンシェイーズーハン》」がある。縁起の良い赤い紙の装飾品やお祓い用の紙人

家族で切り盛りする「舊來發餅舗」

おめでたい席には欠かせない桃形のお饅頭

形などが並ぶ店内の片隅には、「白光《パイクワン》」と書かれたティッシュペーパーが置かれている。聞けば、一九五〇年代、台湾に初めてティッシュペーパーが登場した際、人々は紙問屋が集まるこの通りにこの商品を買い求めに集まったという。現在、「白光」ブランドのティッシュペーパーは、他店ではほとんど見かけなくなったが、ここでは今も扱っており、昔を懐かしんだ人々がやってくる。

さらに成功路《ツェンコンルー》を渡ると、一八七五年創業の「舊《チョウ》來發餅舗《ライファーピンプー》」がある。ここは家族経営の伝統菓子の店で、現在は四代目と五代目が切り盛りしている。店の奥を覗くと、桃の形をした台湾菓子や真っ赤なお餅などを作っている様子が見える。これらは寺廟の祭典でのお供え物のほか、結婚式の引き出物や出産の内祝いに用いられる。台湾では神様の種類や祭典の内容によってお供えするお菓子が変

椪餅は古くから親しまれてきた

わり、引き出物や内祝いも男女によって準備するお菓子が異なる。そのため、ここで扱っているお菓子の総数は何と百四十種類におよぶ。

なお、扱われている商品はすべて注文制である。お菓子を顧客に説明する際には小さな商品サンプルを用いる。このサンプルは五代目が製作したもので、向かいに建つ台南最古の媽祖廟「開基《かいき》天后宮《てんこうぐう》」のお告げに従って造ったものである。それまで五代目はサンプルを造った経験が全くなかったが、媽祖様の神通力なのか、不思議なくらい、手際よく作り上げてしまったという。

旅人が購入できるものとしては「椪餅《ぽんぴあ》（膨餅とも）」がある。これは小麦粉を捏ねた生地の内側に黒砂糖を塗ったもので、中は空洞になっている。台南では産後に女性がショウガや卵などを入れて食べる習慣がある。ちなみに、ここの椪餅は後述する林百貨でも「林」のロゴ入りで販売されており、人気商品となっている。

こうした老舗はいつの時代もじっと米街の盛衰を見つめてきた。店主たちは通りに再び活気が戻ってきたことを誰よりも喜んでいる。そして、「新しい店だけではなく、こうした老舗を訪れることで、米街の歴史と息遣いが感じられるはずです」と陳さんは語っていた。

路地が抱える新たな問題

一方、正興街では観光客の増加に伴い、ゴミ問題や騒音問題など、新たな悩みも浮上している。先に述べた高耀威さんは、「これまでは楽しいイベントを催してきましたが、今後は人々の意識や価値観を変えるようなイベントを行なっていきたいと思っています」と胸の内を語る。

台南は数年前から観光ブームに沸いている。日本の雑誌などでも台南特集が組まれることが増え、台南に特化した書籍も出版されるようになった。そんな空前の台南ブームだが、高さんは「正興街を訪れる旅行者の質は徐々に変わってしまったようにも思います」と、ちょっぴり寂しげな表情を見せる。

「雰囲気のある路地が単なる観光スポットに変わり、美味しい食べ物やインテリアをSNSにアップすることで満足している人たちが増えてきました。路地の中に漂う空気にこそ、台南の良さがあるので、私はこれをじっくりと楽しんでもらいたいのです」と語る。

今後、正興街や新美街がどのように変化していくのか、台南ファンの一人として見守りたいところである。

デパートは時代を経て、文化の発信基地に

台南のリノベーションスポットとして決して忘れてはならないのが、二〇一四年に六九年ぶりの営業再開を果たした「林百貨《リンバイフォ》」だ。ここは一九三二（昭和七）年に開業した台湾南部最初のデパートで、当時は「ハヤシ百貨店」と呼ばれていた。創業者は山口県出身の林方一《はやし・ほういち》。しかし、開業後まもなく病気で他界し、その後は妻のとしが切り盛りした。

モダンな建物は人目を惹くデザインで、文字通りのランドマークだった。地元の人々はこの建物を「ハヤシ百貨店」という名ではなく、五階建てのビルを意味する台湾語の「五《ごー》棧《つぁん》樓《らう》仔《あ》」という愛称で呼んでいたという。

だが、戦況の悪化でハヤシ百貨店は営業中止を余儀なくされる。そして、戦後、建物は中華民国政府に接収され、一時は製塩会社の事務所などに使われていた。その後は荒れるに任され、その姿はお化け屋敷のようだった。

しかし、台南のランドマークとして復活することを望む声は大きく、二〇一〇年から台南市主導で修復工事が進められ、装いを新たにした。現在は単にモノを売るのではなく、「台南文化を発信する基地」というコンセプトで、特産品や地場

林百貨は今も昔も台南のシンボル

ハヤシ百貨店と戦争の爪痕

営業時間は朝九時から夜九時までだったが、一九四三（昭和十八）年の灯火管制以後は、夕方六時からカーテンを閉めて営業していた。また、一九四五（昭和二十）年の大空襲では爆撃を受けている。現在も屋上の壁などに機銃掃射の弾痕が残っている。

弾痕が残る五階の壁面

産品、そのほか、郷土グッズやオリジナルグッズを販売している。

元店員が語るハヤシ百貨店

私は縁あって、このハヤシ百貨店で働いていたという石允忠《せき・いんちゅう》さんに話を聞く機会を得た。

デパートの思い出を楽しそうに語る石允忠さん

石さんは一九二五（大正一四）年生まれ。一九四〇（昭和一五）年から軍隊に徴用されるまでの四年間、ここに勤めていた。在籍時は卸《おろし》部に所属し、台湾中部の虎尾《こび》にある大日本製糖の工場や台南郊外の麻豆《まとう》にある明治製糖の購買部から注文を取り、商品を木箱に詰めて送るという業務に就いていた。

当時、ハヤシ百貨店の職員は約百五十名で、五つの部門があった。各部の主任は日本人、販売員は台湾人で

石さんが大切に持っている思い出の写真

従業員は皆、仲が良かったという。背後に台南武徳殿

構成されていた。石さんは「販売員はさすがに美人が多かったね」と嬉しそうに笑う。当時、ハヤシ百貨店は誰もが憧れる職場で、結婚の条件としても有利だったそうだ。社内恋愛も少なくなかったようで、石さんが知るだけでも八組の夫婦が誕生したという。

また、給料は同じ勤続年数であれば、男性よりも女性の方が五銭高かった。これはどうしてなのかと言えば、女性の方が化粧品代がかかるという配慮から。経営者が女性だったことも関係しているのだろうか。時代の最先端をいくデパートらしい逸話である。

ハヤシ百貨店に置かれていた記念スタンプ

ハヤシ百貨店の一階では酒、タバコ、お菓子、缶詰、化粧品などの日用品が販売されていた。お菓子は森永キャラメル、化粧品は資生堂が人気だったという。ちなみに、この階にはジャパン・ツーリスト・ビューロー（ＪＴＢの前身）の台南案内所も設けられていた。

二階ではトランクやネクタイ、パラソルなどの洋品雑貨や子供服などが売られ、三階は呉服、紳士服、婦人服などを販売するフロアだった。石さんが所属していた卸部の事務所も三階にあった。そして、四階では玩具、文房具、書籍、時計、さらに金物や食器といった家庭用品を扱っていた。ちなみに、館内には当時、一世を風靡していた李香蘭の曲がよく流れていたという。

そして、台南出身のお年寄りに話を聞くと、思い出の場所として必ず挙がるのが五階のレストランだ。ここには和洋食のレストランと喫茶店があり、ハレの日に親たちに連れて来てもらったという。当時は珍しかったクリームソーダやハヤシライスなどを食べたと、嬉しそうに往時を語る人たちは少なくない。

石さんの記憶力は驚くほど明晰で、定食は五十銭と四十銭、ランチセットは三十銭、カレーライスは二五銭、紅茶は十銭、カルピスは一五銭だったと、スラスラ答えてくれる。当時の物価を考えるとかなりの額だが、石さんは職員割引を利用

林百貨の屋上には神社の遺構も

し、月に二、三回はランチを楽しんでいたという。

このレストランは見晴らしが良く、台南運河でボート漕ぎをする人たちの姿が見えたとか、お見合いでこのレストランを使う人がいたとか、屋上の小さな遊園地には日本から持ち込まれた電動木馬があったとか、まさに話題は尽きない。

そして、一九三三（昭和八）年には「末《すえ》広社《ひろしゃ》」という神社が屋上に設けられた。林とし夫人は毎朝出勤すると、まずここに参拝していたという。そこには亡夫の位牌も祀られていたそうだ。考えてみると、異郷において急遽、社長という重責を背負わされることになったとし夫人の苦労は計り知れないものがある。

とし夫人は敗戦によって台南を引き揚げる際、石さんに砂糖を袋に包むように頼んだことがあったという。当時、日本では砂糖は高価な品であり、台南からの引揚者の多くは荷物が制限される中、砂糖を忍ばせて持ち帰った。とし夫人はその時、石さんにお小遣いをくれ、ささやかな食事をご馳走してくれたそうだ。戦後の混乱期にありながらも、従業員を思いやる心を忘れない女性だったと石さんは懐かしむ。

デパートは人々の記憶とともに生き続ける

十五歳で就職した石さんは、他の職員たちから弟のように可愛がられていたという。休日になると、みんなでハイキングに出かけたりしたよと、石さんは写真を見せてくれた。職員同士の絆は強く、デパートがなくなってしまった戦後も、年に一回は集まっていたという。石さんに限らず、ハヤシ百貨店は職員たちにとって、大切な思い出の場所であり続けていたのである。

二〇一四年、石さんはデパートの再オープンを誰よりも喜んだ。そして、今でもイベントがあると駆けつける。「府城人」の思い出が詰まった空間は今も昔も人々に親しまれている。林百貨しかり、正興街や新美街しかり、台南は古きものを温めつつ、一方で常に新しい文化を創造している。

台南は古都という言葉で表現されることが多い。確かにそういった側面はあると思うし、私自身、そういった部分に惹きつけられているのは事実だ。しかし、取材をし続けていると、なぜだか、それだけでは物足りなくなってくる。

過去から現在、そして未来へと紡がれる現在進行形の歴史。そんな一面を持っていることが、台南という都市をより輝かせているのではないだろうか。石さんとの楽しいおしゃべりの中で、そう思われてならなかった。

アクセス情報

台南市内は徒歩で回ることができる。また、レンタサイクル「T-Bike」があるほか、ホテルなどでも自転車を借りられるところが多い。

❶ 金德春老茶莊
❷ 新美街125巷（ユニークな壁画）
❸ 隆興亞鉛店
❹ 來了
❺ 赤崁璽樓
❻ 王泉盈紙莊（宗教用品）
❼ 鳳冰果舖
❽ 新協益紙行
❾ 舊來發餅舖
❿ 開基天后宮
⓫ 赤崁楼
⓬ 大天后宮
⓭ 祀典武廟
⓮ 義豊阿川冬瓜茶（冬瓜ジュース）
⓯ 府城光彩繡莊（伝統刺繍）
⓰ 全美戲院（手描き映画看板）

07

高雄

大都会の中の港町風情に触れる

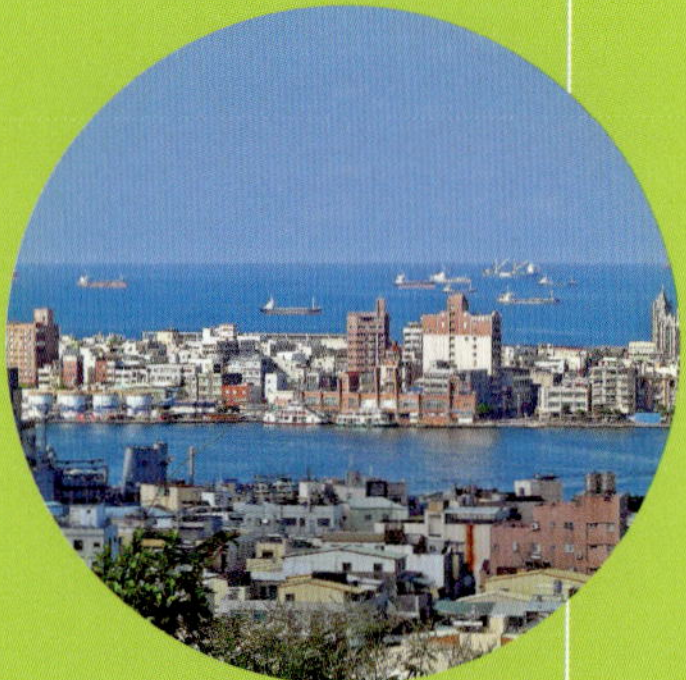

港町～横浜と高雄の共通点

やや個人的な印象で恐縮だが、高雄の町を歩いていると、生まれ故郷の横浜を思い出すことがある。海風が吹き、港町特有の開放感を感じるからだろうか。港に行けば赤レンガ倉庫に似た「駁二藝術特區《ポーアーイースーターチュィ》」があり、丘の上に行けば港を見下ろせる「壽山《ことぶきやま》公園」[★01]がある。どことなく横浜と似ているような気がするのだ。

実は、こういった印象を抱くのは私だけではない。「高雄と横浜の間にはたくさ

★01 一九二三（大正一二）年四月、当時皇太子だった昭和天皇が一二日間台湾に滞在した。主要都市を巡る中で高雄にも訪れ、その際に打狗《たーかう》(高雄)山に登頂した。この視察を記念し、第八代台湾総督の田健治郎《でんけんじろう》によって「壽山」と改名された。

寿山から眺めた高雄の家並みと港

んの共通点がありますよ」と語るのは、郷土史研究家の姚銘偉《ヤオ・ミンウェイ》さんだ。彼曰く、まず、高雄と横浜は開港した年代が近いことを挙げる。高雄の開港は一八六四年(当時の名称は打狗)、横浜は一八五九年である。埋め立て地が多く、重工業を中心とした工業地帯に近接していること。古くは小さな漁村に過ぎなかったが、今や近代的な大都市へと発展を遂げていることなど、確かに共通点は多い。

また、工業都市であるがゆえに、高雄も横浜も公害や環境汚染に苦しめられてきた過去がある。私が最初に高雄を訪れたのは一九九四年だったが、その頃、市の中心部を流れる愛河《アイフー》は異臭を放つほど汚染されていた。

それが一九九〇年代後半から上下水道の設備が徐々に改善されていった。そして、民主進歩党(民進党)の謝長廷《シエ・ツァンティン》候補が一九九八年に高雄市長に当選すると、河畔は公園として整備され、見違えるようになった。今では景観スポットとしてすっかり定着しており、遊覧船なども出ている。今や、愛河は高雄を代表する景勝地となっている。

高雄という地名の由来

高雄の旧名は「打狗《たーかう》」。これはこの地に暮らしていた平埔族のマカタウ族の言葉で「竹林」を意味すると言われる。一九二〇（大正九）年に地名改正が行なわれた際、当時の台湾総督府の総務長官だった下村宏氏が「犬をたたくというのでは字づらが悪い」ということで発音が似た「高雄」に改名したと言われている。歌人だった下村氏が紅葉で有名な京都の高雄が好きだったことから名付けたと言う説もある。

日本統治時代の新市街

ここ数年、高雄では港湾エリアの再開発が積極的に進められている。「駁二藝術特區」はかつての倉庫街をレストランやカフェ、ショップなどとして再生させ、若者や家族連れに人気のスポットとなっている。

このエリアは「鹽埕埔《えんていほ》」と呼ばれ、その昔は塩田が広がる場所だった。高雄は古くから天然の良港として知られたが、本格的に港が築かれたのは日本統治時代の一九〇八（明治四一）年になってからである。鹽埕埔はこの築港工事で発生した大量の土砂によって埋め立てられた地域だ。そして、塩田は過去の風景となった。一九三九（昭和一四）年に高雄市役所が鼓山《こざん》地区から移転すると、鹽埕埔は新市街として急速に発展するようになった。その発展は戦争の激化によって中断するが、終戦後間もなく、復興が始まり、戦後は船の解体業で知られた時期もあった。一九八〇年代は廃材や装飾品を求めて世界中からコレクターや古美術商が集まっていたと言われ、当時の繁栄ぶりは特筆すべきものがあったという。なお、旧高雄市役所は、現在、高雄市立歴史博物館となっている。

鹽埕埔は一九六〇年代、高雄市の中で最も人口が多いエリアになっていた。そ

駁二藝術特區内を走るLRT（ライトレール）

撮影スポットとしても人気の駁二藝術特區

の後、高雄の中心は現在の高雄駅周辺へと移っていったが、ここには昔ながらの商店街が残り、現在も下町らしい風情が感じられる。

MRT鹽埕埔駅から五福四路《ウーフースールー》を西へ進むと、かつて舶来品で繁盛した商店街「堀江商場」がある。この「堀」は日本の国字で、中国語の漢字にはない。しかし、今もなお、現地では日本統治時代の地名である「堀江」の表記が使われている。

北側の新楽街《シンラーチエ》まで歩くと、排水路を埋め立ててできた「大溝頂《ターコウティン》市場」がある。ここは正直なところ、薄暗い商店街という印象なのだが、庶民に愛される小さな店が集まっている。南部の朝食の定番でもあるサバヒ（ミルクフィッシュ・まさば）という魚を用いたお粥の店「大溝頂虱目魚米粉」や、マーガリン入りロールパンで人気の「三郎麵包《サンランミエンパオ》廠《ツァン》」、フルーツ入りの大福が看板の「阿綿《アーミエン》麻糬《もあちぃ》」などがある。

大溝頂市場。食べ物屋台以外に生地屋や仕立て屋などもある

高雄にもあった「銀座」

七賢三路《チーシエンサンルー》と五福四路の交差点には、一九三七（昭和十二）年に建てられた「高雄銀座」の建物が残る。日本統治下の台湾には三つの銀座があった。一つは台北の栄町（今の衡陽路《ハンヤンルー》）、二つ目はハヤシ百貨店のあった台南の末広町（同じく中正路《ツォンツェンルー》）、そして、三つ目がここである。しかし、台北や台南とは異なり、高雄銀座は通りではなく、ショッピングモールだった。

その建物は今も残っている。戦後は「国際商場」と名前を変え、営業を続けていたが、後に廃業。現在は数軒の店が残る以外はシャッターが下ろされている。古びたビルの中に伸びる長くて暗い通路は、天井にある明かり窓から光が差し込み、映画にでも出てきそうな雰囲気だ。ちなみに、入口近くには創業七十年あまりの「香茗茶行《シアンミン》」があり、昔ながらの紅茶とお茶風味のアイスが人気商品となっている。

そして、大安街《ターアンチェ》付近まで進むと、手作りの蒸籠や竹ざるなど

高雄銀座の往時の姿と現在

を扱った店が並び、辺りには木材のいい香りが漂っている。その中の一軒、「萬《ワン》先《シエン》蒸籠店」は創業六十年あまりで三代目が切り盛りしている。阿里山ヒノキを用いた桶や南投県竹山産の竹を用いた蒸籠など、輸入品が多く出回る中、台湾産の木材を用いた手作りにこだわっている。

　また、この鹽埕埔一帯は安くて美味しいものが集まっている。日本人経営の合法宿として人気の高いゲストハウス「あひる家」のオーナー・佐々木克典《かつのり》さんは高雄の美味しいもの探しを日夜、楽しんでいる。私たちもガイドブックを作る際や旅行記事を書く際には、ネタを提供してもらうことが多い。そんな佐々木さんも「このエリアは高雄の中でも特別な空間ですよ」と言う。

　大成街《ターツェンチエ》にある「港園《カンユエン》牛肉麺」の汁なし牛肉麺は、麺に絡んだ特製のタレが何とも表現できない美味しさ。また、新楽街の「金温州《チンウェンツォウ》餛飩大王」では、肉まんのような小籠包が飛ぶように売れている。そして、高雄銀座の入口近くには、「牛丼」ならぬ「アヒル肉丼」の名店「鴨肉珍《ヤーロウツェン》」があり、いずれも行列ができる人気店だ。共通しているのは地元の人々に愛されていること。当然ながら、こういった店にはおすすめが多い。

港園の看板メニューは汁なし麺（乾拌麺）

アヒル肉と豚肉ミンチがのった「鴨肉飯」

「はません」と高雄

鹽埕埔の港側には高雄の新たな交通手段となった「環状輕軌《ホワンツワンチンクェイ》（ライトレール）」が走る。これは二〇一五年に開通した架線のない路面電車。駁二藝術特區内の「駁《ポー》二大義《アーターイー》」駅から乗車すると、二駅目で「哈瑪星《ハマシン》」へと到着。ここは鼓山地区の入口だ。日本統治時代、鹽埕埔が「新市街」と呼ばれたのに対し、鼓山は「旧市街」と呼ばれていた。清国統治時代からあった旗津地区に次いで、日本人が最初に開発したエリアだ。なお、ローマ字表記は今も「HAMASEN」となっている。

「哈瑪星」という地名はどこか不思議な響きだが、その由来は日本統治時代に「濱線《はません》」と呼ばれる貨物線が敷かれていたことにある。これが転じて「ハマシン」となった。

この哈瑪星は具体的には戦前に新濱《しんはま》町と湊《みなと》町、壽《ことぶき》町と呼ばれていた沿岸部を指す。中でも、湊町が最も賑やかなエリアで、現在の臨海一路《リンハイイールー》は「湊町通り」と呼ばれていた。

鹽埕埔と同様、この一帯も日本統治時代の埋め立てによってできた町で、日本人によって家並みが整備された。道路は碁盤目状になっており、鉄道駅や市役所、

哈瑪星の特製町歩きマップ

郵便局、警察、病院、水道浄水場など、生活機能を支えるすべてが揃っていた。その後、賑わいは鹽埕埔へ移っていったが、今でも往時の面影を残す建物がいくつか点在している。

町歩きツアーに参加する人たち

その一つが捷興二街《チュエシンアーチェ》沿いにある二階建ての木造家屋だ。ここは佐々木商店の倉庫だった建物だ。佐々木商店とは和歌山出身の佐々木紀綱氏が経営していた会社で、材木や建材、セメントの販売、土木工事などを請け負っていた。台南に本店、嘉義に出張所があり、建設業界ではかなりの勢いを誇っていたという。現在はNGO法人「高雄市打狗《たーかう》文史再興會」の事務所として利用されている。

実はこの建物は哈瑪星において重要な存在だ。それは二〇一二年に高雄市が都市開発に従い、この建物を取り壊すという公告を出したことに端を発する。これを見て、歴史や文化に関心のある有志が集まり、保存運動が繰り広げられたのだ。

その結果、建物の取り壊しは中止となり、その際、このNGO法人が結成された。現在は老家屋の保存運動だけでなく、町歩きツアーや講演会、さらに材木商の佐々木商店にちなみ、木工教室なども開催している。町歩きマップも製作して

鼓山と旗津を結ぶフェリーは風情満点の移動手段

小さな町歩きツアーが人気を集めている

いるので、散策の際にはぜひ立ち寄りたい場所だ。

私も以前、ここが主催するツアーに参加したことがある。参加者は二十代から三十代の若者たちが多かった。何人かに声を掛けてみたところ、「自分たちの住んでいる土地の歴史を知りたい」と言う大学生や会社員など、歴史マニアや研究者というよりは、むしろごく普通の市民ばかりだったのが印象に残った。

高雄の旧市街「鼓山《こざん》」を歩く

このエリアの町歩きの参考までに、私が参加したツアーのコースを紹介してみたい。

まず起点となるのは哈瑪星駅だ。このすぐ隣には初代高雄駅（古くは打狗駅と呼ばれていた）だった建物が残る。ここは基隆からやってきた縦貫鉄道の終点で、潮州《ちょうしゅう》線（屏東《へいとう》線）の起点だったところ。今は緑地となっている広々としたヤードには、各地からさまざまな物資、そして、砂糖やパイナップル、バナナといった南部の農産物が運び込まれ、搬出されていった。

一九四一（昭和十六）年に現在の場所に高雄駅ができて以来、ここは貨物専用駅となり、二〇〇八年まで使用されていた。現在、駅舎は「舊打狗驛故事館《チョウターコウイークースークワン》」とい

鼓山からは旗津行きのフェリーが発着

う名の鉄道に関する文物館として利用されている。館内には日本統治時代の古い荷札入れがあり、当時の運送会社の屋号が並んでいる。なお、ライトレールの一部はこの貨物線の廃線跡を利用している。

　この斜め向かいの鼓山一路《クーサンイールー》にはかつて駅前旅館として賑わっていた「本島館」と「高州館」の建物が残る。現在は民家となっているが、当時の建物が残っているのは驚きだ。その隣にある可愛らしい中洋折衷の建物は、台湾人経営の運送会社「合美運輸組」のあった場所。現在は「好市集《ハオスーチー》（ル・ボン・マルシェ）」という地中海料理のレストランになっており、二階の床には美しいマジョリカタイルが残っている。

　この先には明治製菓高雄配給所だった日本家屋があり、角を曲がると、書店喫茶「一二三《ひふみ》亭」が建つ。ここは一九二〇（大正九）年に料亭として建てられた。北九州出身の江島ミネという人物が経営し、芸者も九州出身者が多かったという。戦後は運送会社の事務所として使用され、内部は改築されたが、天井を見

落ち着いた雰囲気の書店喫茶「一二三亭」

上げると、梁などは往時のままで残されている。この隣りには先述の旧佐々木商店がある。

臨海三路《リンハイサンルー》まで抜けると、「山形屋」と呼ばれた赤レンガの壁面が美しい建物がある。ここはかつての書店で、出版や印刷でも名を馳せた。また、絵葉書の発行元でもあり、コレクターの間では、この山形屋の名を知らない人はいないという存在だ。現在はカフェ・レストラン「壹貳樓《イーアーロウ》古蹟餐廳」になっている。

登山街まで進むと、一九二〇年代に建設された瀟洒な洋館が建つ。ここは高雄州知事夫人が創立した高雄婦人会のあった場所。後に愛国婦人会となり、現在は紅十字会《ホンスーツ》（赤十字）高雄分会が運営する児童養護施設となっている。

そして、鼓山《こざん》の小学校の向かいには一九二四（大正十三）年に建てられた武徳殿《ぶとくでん》（武道教練場）が建つ。戦後は警察の宿舎として使用されていたが、老朽化が進み、私が十数年前に訪れた時は廃墟に近い状態だった。現在は見違えるほど美しく修復され、剣道の練習場となっている。かつて、武徳殿は各地に設けられたが、日本

姚さんは講演活動も行なっている

にはほとんど残っていないので貴重な存在だ。高雄だけでなく、台中、台南、彰化、大渓、南投、新化、旗山などでも往時の姿を留めているので、訪ね歩いてみるのも面白い。

老家屋の再生と故郷再発見

先にも述べた姚銘偉さんに改めて話を伺う。姚さんは一九七八年生まれで、スイス・ローザンヌのホテルスクールで学んだことがあるというスマートな青年だ。書店喫茶「一二三亭」の創業者であり、前述の高雄市打狗文史再興會を立ち上げた創立メンバーの一人でもある。

姚さんはもともと日本統治時代の歴史に興味があり、老家屋の保存に取り組むうちに、ここに暮らす人々の物語に惹きつけられるようになったという。その活動は実を結び、現在、高雄市都市発展局では「老屋活化《ラオウーフオホワ》」と呼ばれる政策を進め、老家屋の修繕に補助金を出している。姚さん自身は歴史建造物を評価する審査員を務めている。

この都市発展局とは別に、二〇一七年には高雄市文化局が中央政府の予算を得て、歴史建築の保存や復元を助成する「歴史再生計画」を打ち出した。山形屋の向かいにある旧三和銀行はその対象となり、大規模な修復工事が進められている。

これまで、高雄市は新しい建設事業には熱心だが、歴史建築や古跡の保存には

高雄代天宮はグルメスポット

鼓波街《クーポーチエ》にある「高雄代天宮《タイティンコン》」はこの地域の信仰の中心であると同時に、境内がちょっとしたグルメスポットとなっている。カジキのつみれ入りスープ「旗魚丸湯」のほか、特製タレを絡めた細麺「汕頭麺」などが楽しめる。夕方以降は屋台も現れ、活気に包まれる。ちなみに、哈瑪星は日本人が引き揚げた後、澎湖《ぼうこ》のほか、広東省の汕頭《すわとう》から移住してきた人が少なくなかった。そのため、町を歩いていると、「汕頭」という名を看板に掲げた食堂をよく目にする。（鼓波街27号）

素朴な味わいの「旗魚丸湯」

あまり興味を示さないという声があったのも事実。しかし、市民の側から起こった運動により、こうした状況は徐々に変わりつつある。

日本を知り、台湾を知る

高雄を訪ねると、聞こえてくる言葉が台北とは異なる印象を持つかもしれない。高雄の人々が日常的に用いるのは政府が決めた公用語の中国語（台湾華語・台湾式北京語）よりも、台湾の土着言語である台湾語（ホーロー語）★02であることが多い。若者たちの台湾語使用率は台北よりもずっと高い印象だ。

姚さんたちが子供の頃は、台湾ではまだ戒厳令が敷かれており、いわゆる国民党の一党独裁時代だった。姚さん自身、小学五年生までは学校で台湾語を話すことは禁止されていた。その後、戒厳令は解除されたが、学校で習うのは相変わらず中国の歴史や地理だった。端的に言えば、台湾の人々は郷土について探究する自由を奪われていたのである。

「哈瑪星」という地名の由来も大人になってから知ったという。つまり、自分が生まれ、暮らしている土地の歴史について学ぶ機会は与えられていなかったのである。そこで姚さんは兵役の時、暇な時間を作っては、高雄や台湾の歴史に関す

★02
台湾語は台湾の人口の約七割を占める中国福建地方の南部（閩南《ミンナン》地方）出身者の話す言葉。閩南語から派生し、独自の発展を遂げているため、ホーロー語（福佬語／河洛語とも表記）と呼ばれる。中には日本語の影響を受けた表現や言葉などもある。

雑誌『薫風』

る本を読み漁ったのだという。

姚さんは二〇一六年に『薫風《くんぷう》』という雑誌を立ち上げた。この雑誌では日台間の知られざる歴史を発掘し、かつ現代日本についても研究することをテーマとしている。その創刊理由を尋ねると、こう答えが返ってきた。

「台湾の人たちが台湾人としてのアイデンティティを確立するには、まず自分たちの歴史を学ぶことが必要です。私たちは日本統治時代の歴史は台湾の歴史の一部だと考えています。なので、あの時代について、より深く研究するべきだと思うのです」と。

そして、「私たちの雑誌は日本統治時代の記事が多いので、『知日雑誌』と紹介されることが多いのですが、実は日本を通して台湾を学ぶこと、つまり『知台』が目的なのです」と続けた。

日本と台湾は近いところにあり、特に最近は頻繁な往来があるが、お互いにその文化や歴史をどこまで理解しあっているだろうか。日本はここ数年、台湾ブームに沸いており、各メディアで台湾が紹介される機会は増えているが、その多くは観光スポットやグルメ、マッサージなど、表面的な情報に偏りがちだ。同時に、台湾からも年間四百万人という数の人が日本を訪れるが、これもまた、どれだけ

アクセス情報

MRT、LRTが便利。また、公共レンタサイクル「City Bike(C-bike)」もある。なお、高雄は台北に比べると、流しのタクシーを捕まえにくいので、注意が必要だ。

町歩きにはレンタサイクルを活用すると便利

深く日本の文化に触れているだろうか。もちろん、旅には旅そのものに面白さがあるが、姚さんは日本人により深く台湾のことを知ってほしいと願っている。

最後に姚さんはこう語った。「時代とともに日本語世代の老人たちが消えていく中、その精神を受け継ぐのは自分たちの世代です。私たちの世代が日本に対して親しみを感じているのは変わりませんが、彼らとはやや異なった視点で日本を見ていきたいと思います」。

姚さんたちの世代はより客観的に、より冷静に日本という国を見ようとしている。彼らが築く新しい日台関係はどのようなものになっていくのか。厳しい国際環境に置かれている台湾だが、南から吹く優しい風、「薫風」が新たなウェーブを起こすことを期待してやまない。

哈瑪星エリア散策マップ

❶ 舊打狗驛故事館
❷ 旧本島館
❸ 旧高州館
❹ 旧合美運輸組
❺ 旧明治製菓高雄配給所
❻ 一二三亭（書店喫茶）
❼ 高雄市打狗文史再興會
❽ 旧山形屋
❾ 旧三和銀行
❿ 旧高雄警察署
⓫ 旧愛国婦人会館
⓬ 旧高雄武徳殿
⓭ 高雄代天宮
⓮ 順和排骨大王（排骨飯）
⓯ 壽山公園
⓰ 高雄市忠烈祠（高雄神社跡）
⓱ 哈瑪星台湾鉄道館
⓲ ジャンボかき氷

第3章

台湾の「田舎」で魅力再発見

08

宜蘭《ぎらん》

蘭陽《らんよう》平原に秘められた日台の歴史

台湾でなく、あくまでも「宜蘭」

台湾の東北部。宜蘭《ぎらん》の人々に出身地を尋ねると、それだけで誇らしげな表情を見せることがある。たとえ台北生まれの台北育ちであっても、両親や祖父母が宜蘭出身であれば、「自分には宜蘭人の血が流れている」ことを嬉しそうに話す。

台北から宜蘭までは高速バスで約一時間。しかし、そこには台北とは異なる独自の文化が育まれている。たとえば台湾語（ホーロー語）についても、表現や発音に

差異を感じることが多い。これは「宜蘭腔《ぎーらんきう》」★01と呼ばれるもので、いわゆる「訛り」のようなものだが、外国人にとっては、印象が異なる。

食文化においても個性が際立っている。ご当地グルメの類も多く、代表的な料理だけでも、具だくさんのとろみスープ「西魯肉《せろばっ》」や甘い衣で揚げた豚肉のフリッター「卜肉《ぽっばっ》」、さらに、煮凝りに衣をつけて揚げた「糕渣《こーつぇー》」などがある。

ちなみに、郷土愛が強い宜蘭人の性格は、この「糕渣」に喩えられる。つまり、

★01
宜蘭腔の有名な例えとしては、「ご飯を食べる（呷飯）」の発音がホーロー語の標準的な発音は「ちぁっぷん」なのに対し、宜蘭では「ちぁっぷい」となる。

宜蘭までは美しい車窓を誇る鉄道も利用したい

海上に浮かぶ亀の形に似た亀山島

「見た目は朴訥としていてクールだが、中身はアツアツで情熱的」なのだという。外見では分からないが、確かに、ハートはとても熱い人々なのである。

お昼ご飯は「庶民の台所」で

台北から列車で宜蘭に向かうと、草嶺トンネルを出たところで青い海原に浮かぶ緑の亀山《きざん》島が目に入ってくる。この島影を目にすると、「宜蘭に来た!」と毎度のことながら嬉しくなる。

台湾の旅行作家である工頭堅《コントウチエン》さんは、「宜蘭は二〇〇六年に雪山トンネルが開通するまで、雪山山脈に阻まれ、交通が不便な土地だった。そのために独自の気質が育まれたのではないか」と話す。言ってみれば、宜蘭は台湾の中で、一つの独立した文化圏だった。郷土意識がとても強いのも、そういったことに起因するのかもしれない。そういう彼もまた、両親の故郷は宜蘭であり、この土地を人一倍愛している「宜蘭人」だ。

私は宜蘭のお昼ごはんは「北館《ペイクワン》市場」と決めている。駅を出て、

瑞々しい果物が並ぶ北館市場

康楽路《カンラールー》を進むと、野菜や果物など生鮮食品や日用雑貨を扱う賑やかな市場が見えてくる。

北館市場の建物に入ると、何軒かの食堂が並んでいる。その中に手作り麺の「一香《イーシアン》飲食店」がある。ここは宜蘭出身の友人が「故郷に戻ったら必ず寄る店」と教えてくれた店だ。注文するのは、澄んだスープにつるりとした食感のワンタンが浮かぶ「餛飩湯《フントゥンタン》」と、香りのよいゴマだれがかかった細麺の「麻醤麺《マーチアンミエン》」。いずれも

西魯肉は作り手によって味が異なる

卜肉は気軽に味わえる庶民のおやつ

一口食べただけで丁寧に作られているのが分かる。

その隣には郷土料理の食堂「四海居《スーハイチュィ》」がある。ここは約九〇年前に創業した老舗で、先述した「西魯肉」や「卜肉」などが味わえる。ただし、量がかなり多いので、少人数の場合は注意が必要だ。

インターネット全盛の時代、台湾でも日本でもグルメ情報は溢れかえっている。しかし、宜蘭に関しては、私は地元の人か宜蘭出身者に直接聞くことをお勧めしている。それはいい情報を得られるだけでなく、郷土の味覚に誇りを持つ宜蘭人のプライドに触れられるからでもある（古都・台南もそういう傾向は強い）。きっと、熱心におすすめを教えてくれるだろう。

宜蘭文学館。縁側の席が人気だ

★02 宜蘭設治紀念館のあるエリアには日本統治時代に建てられた木造建築がいくつか残っている。隣には宜蘭農林学校の校長官舎だった建物を喫茶店に利用した「宜蘭文学館」がある。

西郷菊次郎と宜蘭

中山路《ツォンサンルー》を南へ進み、舊城南路《チョウツェンナンルー》を越えると、鬱蒼とした緑の中に木造家屋が見えてくる。ここは日本統治時代に宜蘭庁長の官舎だった建物だ。現在は「宜蘭設《イーランサー》治紀念館《ツーチーニエンクワン》」★02として整備され、宜蘭の歴史に関する展示がある。

ここが建てられたのは一九〇六（明治三九）年。西郷隆盛の息子である菊次郎《きくじろう》が宜蘭庁長をしていた時代だ。西郷隆盛は奄美大島に潜居させられていた時に島の

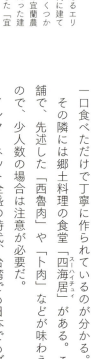

宜蘭設治紀念館にある枯山水の庭園

娘・愛加那《あいかな》と結ばれ、その時に菊次郎が生まれた。

菊次郎は一八六九年、八歳の時に本家に引き取られ、一八七二年、十二歳という若さでアメリカに留学している。この時に英語のみならず、国際的な広い視野を身につけたとされている。

菊次郎が台湾への赴任を命じられたのは、下関条約により台湾が日本に割譲された一八九五（明治二八）年のこと。当時の台湾は日本に対しての抵抗が激しく、各地でゲリラが跋扈していた。そんな中、菊次郎は台北県支庁長を経て、一八九七（明治三十）年に宜蘭庁長に任命されている。

この一年後、第四代台湾総督に児玉源太郎、民政局長に後藤新平が就任。台湾統治の礎を築いたと言われる名コンビの下で、菊次郎は手腕を発揮し、治安の安定とインフラ整備に邁進していった。

堤防に建つ徳政碑

菊次郎の功績で最もよく知られるのは、宜蘭川（宜蘭河）の堤防だ。毎年洪水で苦しむ宜蘭の町を護るために築かれ、「西郷堤《づつみ》」と呼ばれていた。この治水工事により、宜蘭は安定した発展を遂げるようになる。特に農

西郷廳憲徳政碑

業が発達し、一帯は豊かな田園地帯となった。

一九〇五（明治三八）年、町の名士たちは菊次郎の治政を讃え、「西郷廳憲徳政碑《さいごうちょうけんとくせいひ》」を建立した。領台からわずか十年だったが、菊次郎の治政は人々の間に深く浸透していた。

石碑は今も堤防の上に建っている。台座を合わせて高さ三メートルという大きなものである。戦後は中国から流れてきた下級兵士がこの一帯を占拠し、バラックを建てて、住みついていた。石碑はその中で長らく埋もれていたが、皮肉にも、そのために無傷の状態で残ることとなった。その後、違法家屋が撤去された際、石碑は再び姿を現した。

現在は周囲に木桟道が設けられ、公園のように整備されている。案内板には中国語だけでなく、日本語と英語の解説もある。これは宜蘭のロータリークラブと姉妹盟約を結んでいる鹿児島西ロータリークラブが二〇一四年に寄贈したもの。会員の一人である古木《こぎ》圭介さんは「これによって、宜蘭と鹿児島の交流がより深まることを祈っています」と語っていた。

李英茂さんの公学校時代の写真

目の前の河原ではマラソンをする人や凧揚げを楽しむ子供などが見られ、市民の憩いの場となっている。百年以上の歴史を誇る石碑は、すでにそういった風景の中に溶け込んでいるかのように見えた。

宜蘭の歴史を伝える老人

碑文は長い歳月を経て風化しており、判読は難しい。しかも漢文で書かれているので、現代人には分かりにくい。これを解読したのが、宜蘭県史館でボランティア研究員をしている李英茂《り・えいも》さんだ。

李さんは一九二九（昭和四）年の宜蘭生まれ。四一年間、教員を務め、退職後にボランティア研究員となった。県史館で西郷菊次郎について研究を続けてきた李さんは、「彼は西郷隆盛が唱えた『敬天愛人《けいてんあいじん》（天を敬い、人を愛する）』の精神を貫き、宜蘭の地に恩恵を施してくれました。菊次郎さんは間違いなく宜蘭の恩人ですよ」と語る。そして、「自分にとっては、父親に次ぐ恩人です」とまで言う。

和歌を詠む李英茂さん

李さんは県史館で文献の整理や翻訳などをする傍ら、日本から宜蘭を訪れた人たちを徳政碑に案内したりもする。鹿児

宜蘭の掩体壕と宜蘭神社

宜蘭の員山《いんざん》郷にはかつての掩体壕を公園に整備した「員山機堡《ユエンサンチーバオ》」がある。掩体豪の中には竹製の零戦が飾られている。また、近くには宜蘭神社の跡地もある。長い石段を上ったところは神社の本殿ではなく、現在は中華民国軍の兵士を祀る忠烈祠となっている。ここからは美しい蘭陽平原を見わたせる。

島で開かれた「西郷菊次郎シンポジウム」にも出席したことがあるほどで、まさに、宜蘭と鹿児島を繋ぐ橋渡し役である。

私は李さんとは日本語世代のお年寄りたちによる勉強会「友愛会」で面識を得ていた。友愛会は美しい日本語を学び、残していこうという志のもとに結成されたサークルである。月に一度、台北市内で勉強会を開き、日本語を学ぶ。李さんは同じく宜蘭出身で、やはり教師だった奥様と一緒にこの会に参加している。

宜蘭にもあった特攻隊の基地

私は以前、李さんのご自宅を訪ね、戦時中の思い出を聞かせてもらったことがある。李さんは宜蘭中学校の二年生の時に飛行場の建設工事に駆り出され、三年生の時に学徒兵として召集された。当時、宜蘭では特攻基地を作る突貫工事が行なわれていた。宜蘭中学校や宜蘭農林学校、さらに台北の学校などからも学生たちが総動員され、鍬と鋤を持たされ、飛行場の建設に従事させられた。

日本統治時代の宜蘭には北、南、西と三つの飛行場があった。その中で、李さんたちは「南飛行場」の建設工事に当たった。現在の宜蘭運動公園近くにあり、戦後も長らく滑走路が残っていた。そして、ここからは特攻隊も飛び立っていった。

員山機堡。掩体壕は郷土史を学ぶスポットに

彼らは飛び立つ際、前方に見える亀山島を飛行目標とし、その後、八重山諸島に向かって飛んでいったという。

飛行場跡の付近には、今も掩体壕《えんたいごう》（戦闘機の格納庫）がいくつか残っている。使用されなくなって久しいが、田んぼの中で集会場として使用されているところや、周囲が公園として整備されているところもある。郷土の歩みを伝える「歴史の証人」として扱われ、案内板が設置されていることが多い。

良い国、良い人

李さんには今も忘れられない出来事があるという。それは同じ時期に徴用された鈴木先生のことだ。鈴木先生は身体が弱く、兵役歴がなかった。そのため、階級が李さんたちよりも低かった。

ある時、同じ学校の教官だった伍長に鈴木先生がビンタされているところを見てしまい、学生たちはとても気まずい思いをしたという。しかも、鈴木先生は道で会うと、学生たち

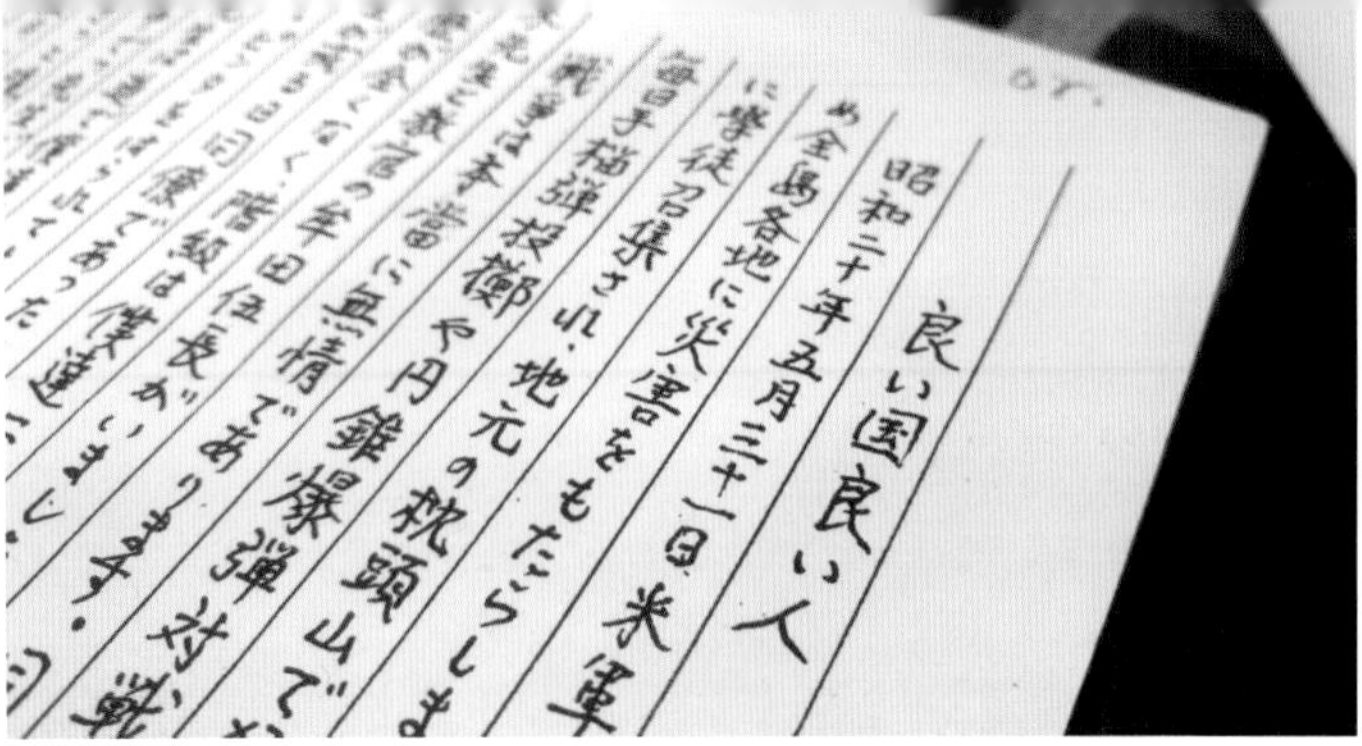

李英茂さんは多くの思い出を文章にしたためている

に向かって敬礼をしてきたのだという。戦争によって立場が逆転してしまい、李さんたちはなんともやりきれない思いでいっぱいになった。それ以来、李さんたちは鈴木先生の姿が見えると、物陰に隠れるようになったという。

終戦を迎え、鈴木先生は日本に引き揚げた。別れにあたって、先生は李さんたちに一枚の色紙を渡した。そこには墨字で弱々しく、「良い国、良い人」と書かれていたという。

戦時中、誰よりも複雑な思いを抱えてきたに違いない鈴木先生。先生は何も言わなかったが、「戦争は理性や人間性を失う残酷なもの。そんな戦争が二度と起こらないように良い人になり、良い国を作ってください」という意味だったのではないかと、李さんは述懐する。

鈴木先生は学生たちに希望を託して宜蘭を去った。風の噂では、帰国後、しばらくしてから亡くなったという。

特攻隊として散った同級生

そして、もう一つ、忘れられない出来事があったという。それは戦後に知った同級生の訃報だ。宜蘭中学の同級生だった吉野光宣さんと高崎正道さんが特攻隊

アクセス情報
台北から宜蘭へは長距離バスが本数が多いので便利。所要約1時間。宜蘭市内は徒歩で町歩きが可能だが、「西郷廳憲徳政碑」へはタクシーの利用が無難。

に志願して亡くなったのだ。

李さんと吉野さんの間にはちょっとした因縁があった。一年生の時にトイレ掃除をしていて、体格の良い吉野さんと言い合いになり、それ以来、ずっと恨みを抱いていたという。

戦後しばらくして、李さんは吉野さんが亡くなったことを知った。訃報を耳にした瞬間、涙がどっと溢れて止まらなくなったという。「吉野、お前はお国のために死んだのか。だから、もう恨むのはやめるよ」と心の中で叫んだという。このことを話す李さんは今でも感情が込み上げてくるようで、何かを思いつめたような面持ちとなる。

吉野さんがどこから飛び立ったのかは分からない。しかし、李さんは南飛行場の跡地へ赴いた時、夕闇に暮れる空を見上げ、こんな一句を詠んだという。

翼折れ 護国の華と 散りし君
　南海の雲　赤く染まりて

三十一文字に込められた万感の思い。李さんに限らず、台湾の人々があの戦争

蘭陽平原。奥に亀山島が見える

を日本人として経験したことは事実である。「鹿児島の知覧には特攻隊に関する記念館があります。でも、宜蘭には何もありません。だから、私たちが伝えていかなければならないのです」と李さんは静かに語った。

老夫婦が歩んだ台湾の戦後

戦後、台湾は蒋《しょう》介石《かいせき》率いる国民党により圧政が敷かれ、長らく戒厳令の時代にあった。李さんはその暴政ぶりに失望し、日本へ脱出計画を企てたこともあったという。しかし、それは失敗に終わり、宜蘭で教師の道を歩むことになった。

当時、教員や公務員は国民党員になるのが暗黙の了解だった。しかし、李さんと奥さんは決して国民党に入党することはなかった。「だから、私たちは出世できなかったのよ」と奥さんは笑うが、その悔しさは計り知れないものだったに違いない。

しかも学校では台湾のことではなく、中国のことを教えなければならなかった。台湾、そして宜蘭を愛してやまない李さん夫婦にとってはさぞかし辛いものだったはずだ。

今、宜蘭の語り部として活躍する李さんは、まるで少年のように瞳を輝かせて生き生きとしている。それはようやく伝えたいことを自由に語れる時代がやってきたという事実と無縁ではあるまい。

緑の稲穂が美しく揺れる蘭陽平原。ここにもまた日本統治時代の光と陰が深く刻まれている。歴史に翻弄されてきた李さんたち日本語世代は、今でも日本のことを懐かしく思い、大切に思ってくれている。とかく「親日」という言葉で表されることの多い台湾だが、彼らの日本に対する思いはそんなに単純なものではない。その背後には戦前と戦後、外来政権によって統治された人々の生きざまが隠れていることを忘れてはならないだろう。

09

美濃《みのう》

客家の郷を訪ねる

質素倹約、そして勤勉な人々

美濃《みのう》は高雄駅からバスで約一時間の距離にある地方都市。特に著名な観光スポットがあるというわけではないが、素朴な風情と豊かな田園風景が人々を惹きつける土地である。

人口は約四万人で、約九割を「客家《はっか》」と呼ばれる人々が占めている。彼らは台湾の人口の約十五%を占めるエスニックグループ（族群）で、多数派のホーロー（河

のどかな空気に包まれた美濃

洛）人とは異なる言語や文化を固持している。意識の上でも独自のアイデンティティを持ち、特にこの地域では客家の精神性がしっかりと保たれている。

客家の気質を端的に表せば、「質実剛健」、そして「質素倹約」に集約されるだろう。たとえば、金銭感覚において、客家人はかなりシビアな印象を受ける。もちろん個人差が大きいので一概には言えないが、日本人とは感覚が似ている部分もあり、仕事がしやすいという声をよく聞く。

そして、「勤勉」もまた、客家の美徳である。彼らは学問や教育を非常に重視し、言語習得能力にも長けている。たとえば日本語世代の老人の聞き取り調査をしていると、客家人のあまりにも流暢で、よどみのない日本語に驚いてしまうことがよくある。

また、台湾は日本に比べて大学院への進学率が高いが、その中でも美濃は突出した存在となっている。少なくとも四百名もの「博士」を輩出してきたと言われ、台湾で最も博士の

台湾の客家人

台湾における代表的な客家集落としては、北部では桃園《とうえん》市の中壢《ちゅうれき》や楊梅《ようばい》、新竹《しんちく》県、苗《びょう》栗《りつ》県、南部では高雄市美濃のほか、屏東県の萬巒《ばんらん》や竹田《たけだ》などが挙げられる。約三百年前に中国南部の広東や福建から渡ってきたと言われる人たちで、美濃の客家人は広東省の梅県にルーツがあると言われる。

多い町として知られている。

こうした勉学を重んじる気風は、町の入口に残る「敬字亭《チンツーティン》」からもうかがえる。これは文字が書かれた紙を燃やすために設けられた焼却炉のこと。古くは文字を敬う儒教思想の影響により、粗末に扱うと、学問の神様に失礼に当たるとされていた。そのため、文字が書かれたものを焼却する際には、どんなものであっても、ここで手を合わせてから処分していた。現在は使用されていないが、美濃には四つの敬字亭が残っている。

こうした客家の気質は歴史的な経緯から培われた。彼らは一八世紀頃、ホーロー（河洛）人よりもやや遅れて、中国大陸から台湾に移住してきた。そのため、先住の人々がいた沿岸部ではなく、山間や山麓部に暮らすことを強いられた。いずれも豊かな土地ではなかったため、忍耐強く、働き者となり、こういった精神性が培われたのだと伝えられている。

台湾原生の茶葉を味わう

美濃の郊外には「黄蝶翠谷《ホワンティエツェイクー》」という蝶が集まるスポットがある。台湾は言わずと知れた「蝶の王国」で、全島にいくつもの蝶の群棲地がある。私も何度か蝶

★01
夥房（伙房とも表記）はホーロー人の伝統家屋である「三合院」と似た造りで、左右両側に長屋のような建物が連なる。正面中央には祖先の位牌を祀る部屋が設けられ、正面上部にはその家の姓を表す屋号が掲げられている。例えば、劉姓の屋号は「彭城」だが、「彭堂城」のように、真ん中に「堂」の字を入れ、ホーロー人の家と区別している。

美濃茶の伝統を守る詹帛勲さん

の撮影を目的に美濃を訪れたことがある。その際、地元の蝶愛好家で、郷土文化に詳しい連偉志《リエン・ウェイツー》さんと知り合った。

連さんは普段、地場産品のプロモーションや農業体験のイベントなどを催している。連さんによれば、美濃一帯には小規模ながらも、しっかりとした理念を持つ農家が少なくないという。そして、その中には、「美濃茶」の農家もあると聞いた。私自身、これまでさまざまな土地の台湾茶を味わってきたが、「美濃茶」というのは初めて耳にするものだった。しかも、完全な自然農法で栽培された稀少な茶葉ということに、心が躍った。

市街地から車で一五分ほど進むと、客家語で「夥房《ふぉーふぉん》」★01と呼ばれる伝統家屋が見えて

蝶の谷「黄蝶翠谷」

黄蝶翠谷

美濃郊外にあり、五月から七月にかけて小型のタイワンキチョウ（黄蝶）が集中発生する。戦時中、台湾総督府は台湾南部に熱帯植物を持ち込み、植林を奨励した。この一帯では鉄道の枕木や銃の握り手となるタガヤサン（鉄刀木）が大量に植樹された。その結果、この樹木を好むタイワンキチョウが繁殖するようになったという。かつては天を覆うような光景も見られたというが、現在は環境や気候の変化により、その数は減少している。

きた。この家屋の前庭で作業をしていたのが、詹帛勳《ツァン・ポーシュン》さんだった。詹さんの祖先は清国時代から美濃の山間部に原生する茶樹を用いてお茶を作ってきたという。中には、樹齢百年に達する茶樹もあるそうだ。

ここに限らず、農家従事者の人手不足は深刻だが、詹さんの場合も茶作りを担ってきた両親が年を取り、岐路に立たされていた。そこで、六代目に当たる詹さんは祖先から続く自然農法による茶葉を守っていくため、家業を継ぐ決心をしたのだという。

故郷に戻ってきた詹さんは「湧泉《ヨンチュエン》茶業」というブランドを立ち上げ、生産から販売までを一人で手掛けている。大量生産はできないが、美濃茶は愛好家の間で徐々に地位を上げてきているという。種類は緑茶に近い野生茶と烏龍茶、紅茶の三種で、特に印象に刻まれたのは野生茶だった。思ったよりも青臭さがなく、深みのある味わいだった。

「柑仔店《かまでぃあむ》」の文化に触れる

美濃には台湾ではあまり見かけられなくなった「雑貨屋文化」が残る。美濃の中心部に伸びる永安路《ヨンアンルー》は、かつては多くの商店が並び、賑わいを見せていた

合信興。元気な劉おばさんが「柑仔店」を切り盛りする

という。しかし、ここ数年はいくつかの商店が残るのみで、寂しい印象を禁じ得ない。

この永安路にある昔ながらの雑貨屋「合信興《フーシンシン》」を訪ねた。店内には日用品や駄菓子、お酒、調味料、生活雑貨、漬物など、ありとあらゆるモノがぎっしりと並んでいる。

こういった雑貨屋は、かつて台湾ではどの町にも存在していた。「柑仔《かまでぃ》店《あむ》」という名で親しまれてきたが、生活様式の変化とコンビニエンスストアの台頭で、今やすっかり数を減らしてしまった。

そんな中、美濃では「柑仔店」が今も人々の暮らしに欠かせない存在となっている。店主の高齢化により店じまいするところもあるというが、それでもちょっとした集落なら、必ずこういった雑貨屋を見かける。

店には常連客がバイクや自転車に跨って、ひっきりなしに現れる。連さんによれば、柑仔店は単にモノを売るだけでなく、近所の人たちの重要なコミュニケーションの場になっているという。営業時間は不定なことが多く、町の人たちが起きる時間に店を開き、眠る時間に店を閉める。どこまでも、人々の暮らしに寄り添った存在なのだ。

日本時代の発電所の様子

★02
日本統治時代、日本人は台湾各地でこうした灌漑施設や発電所、ダムなどインフラを整備した。竹子門水力発電所は1909（明治四二）年に台湾南部最初の発電所として建造された。現在も日本統治時代に建てられたバロック風の発電所の建物が保存されている。また、敷地内には三名の日本人技師の殉職碑が残されている。

そして、美濃の柑仔店には、エシャロットを炒めた「油葱酥《ヨウツォンスー》」や、沖縄の豆腐ように似た「豆腐乳《トウフールー》」、煎ったピーナッツなどのほか、大根や冬瓜《とうがん》、タケノコ、ショウガなどの漬物類が並んでいる。同じ漬物でも日本のものとは異なり、砂糖や発酵用大豆で漬けているため、ほんのりと甘いのが特色だ。保存が効く漬物作りが盛んなのは、倹約家の多い客家人らしさの表れとされる。

ここでは常連客が持ち寄った自家製の食材を代理販売したり、店で作ったものを売ったりもしている。この店にも奥に大きな鍋があった。私が訪れた時はちょうどエシャロットを炒めているところで、なんとも香ばしい匂いが辺りを包み込んでいた。

地元に根ざした「柑仔店」という名の空間。通りすがりの旅人にはなかなか見えてこない土地の日常風景と言えそうだ。

水力発電所と日本人

永安路を歩いていると、水量豊かな用水路が現れた。これは「獅子頭水圳《ししとうすいしゅう》」と呼ばれ、ここから水路が地域全体に張り巡らされている。起点は町はずれにある高屏発電廠竹門《ツーメン》機組★02（旧称・竹子門《ちくしもん》水力発電所）。ここは台湾南部に建てられた最初の水

美濃を支える用水路。夏は大人も子供も水遊びを楽しむ

力発電所で、その歴史は一九〇九（明治四二）年に遡る。その余剰水はこの用水路を通じて灌漑用、そして生活用に用いられている。

少し先には、美濃渓に架かる送水橋もある。これは一見すると、ごく普通の橋に見えてしまうが、橋の下には幅一メートルほどの送水管が通っている。内部は緩やかな傾斜があり、下流に水を流す仕組みとなっている。夏になると、地元の子どもたちがヤシの葉を尻に敷き、送水管の中をスライディングするという遊びが人気だという。

さらに橋を渡った先には「水橋改築紀念碑」という日本統治時代の石碑が残っている。「美濃は日本人が作った灌漑用水と客家の人々の勤勉な姿勢によって、豊かな土地になったんですよ」と連さんは語る。

かつて、美濃はサトウキビの栽培が盛んだったが、水路が整備されて

水橋改築紀念碑

北部と南部で異なる客家料理

代表的な客家料理にはからし菜入りの豚の角煮「梅干扣肉《メイカンコウロウ》」や、豚肉、イカ、ネギ、セロリなどを炒めた「客家小炒《クーチアシアオツァオ》」、ショウガとホルモンを炒めた酸味のある「薑絲大腸《チアンスーターツァン》」などが挙げられる。同じ客家料理でも北部と南部で違いがあり、柑橘類を原料としたソース「桔《チー》醤《チアン》」は北部でのみ用いられる。桔醤は茹でたキャベツや豚肉などに付けて食べる。冬瓜をじっくり煮込んだ「冬瓜封《トンクワフォン》」や、ピーナッツと米を原料とした「花生豆腐《ホワセントウフー》」などは南部特有の料理となっている。

からは稲作も増えた。さらに、タバコや野菜、花卉《かき》類といった商品作物の栽培も奨励された。

その中で、タバコは美濃を代表する地場産品だったが、戦後は衰退してしまった。現在は主に大根やミニトマトやバナナ、パパイヤ、種なしレモンなどが積極的に栽培されている。それでも、朽ち果てたタバコ乾燥小屋がわずかながら残っており、美濃ならではの文化景観となっている。

客家料理とデザートの「清冰《チンピン》」

美濃での食事はやはり、客家料理を味わいたい。客家料理は酸味や塩味が強め

日本人の口にも合う客家料理

地域によって異なる客家語

客家語は現代中国語や台湾語（ホーロー語）とは異なる響きをもち、古代中国の言語の特性を残しているとされる。台湾の客家語は大きく五つに分類され、「四県腔」、「海陸腔」、「大埔腔」、「饒平腔」、「詔安腔」などの方言がある。中でも四県腔が最も多く話されており、美濃の客家語もこれに属する（「腔」は訛りの意味）。客家語の「ありがとう」の表現には「恁仔細《あんつっせー》」、「承蒙《すんもん》你《にー》」、「多謝《とーちぇ》」など複数あり、これも地域によって異なる。美濃は台湾の中でも客家語の使用率が高い地域と言われ、地域言語や部族言語が衰退していく中で貴重な存在となっている。客家文化の興隆にも熱心だ。

清冰。生卵入りの「月見冰」（右上）はよくかき混ぜていただくのがポイント

で、同時に保存が利く漬物類を多く用いるという特色がある。見た目は地味で、飾り気もないが、ご飯が進むので、少ないおかずでもお腹がいっぱいになる。

連さんが勧めてくれたのは「軒味屋《シュエンウェイウー》」という店だった。ここは伝統的な客家料理をベースに独自のアレンジを加えている。看板料理は米を原料とした太麺の「粄條《バンティアオ》」。美濃の市街地には数多くの粄條の店があるが、ここのものは自家製にこだわり、しかも、赤や緑、黄色などと、カラフルなのが特色。自家栽培したサツマイモの葉やミニトマトなどを練り込んで色付けしている。原料には美濃産の米を使用しており、歯ごたえがしっかりしている。

そして、美濃特産の作物として、忘れてはならないのが後述する「水蓮菜《スエイリエンツァイ》」だ。これは別名「野蓮菜《イエリエンツァイ》」とも呼ばれ、和名は「タイワンガガブタ」★03。シャキシャキとした歯ごたえが何ともたまらない。これを「最も美味しい台湾野菜」に挙げる在台邦人も少なくない。

食後には東門楼《トンメンロウ》★04の近くにある「東門冰菓室《トンメンピンクオスー》」で「清冰《チンピン》」を味わいたい。これはバナナオイルを用いたシャーベット状のアイスのこと。シンプルなものだが、子供の頃に食べたことがあるような親しみが感じられる。台北で見かけることは非常に少ないが、南部では定番のものとされている。

ちなみに、市街地からこの店までは少し距離があるので、バスターミナル付近で自転車を借りるのがおすすめ。行動範囲がぐっと広がり、便利だ。周囲の景色を愛でながら、サイクリングを楽しもう。

ご当地野菜はダイバースーツで

美濃には小さな湖がある。その名も美濃湖《メイノンフー》。日本統治時代はため池の機能があった。戦後は蒋介石の本名にちなんで中正湖と呼ばれていたが、現在は美濃湖の名称で親しまれている。湖面には白い雲と緑の山並みが映り、絵心があれ

★03
「タイワンガガブタ」は日本では食用にされることは少なく、水槽に入れる水草として知られる。

★04
東門楼は一七七五年頃に集落を守るために設けられた見晴らし台。美濃の歴史を見守ってきた象徴的な存在だ。

美濃のシンボル東門楼

水蓮菜の収穫の様子

ば描いてみたくなる風景だ。

湖の周囲を散策していると、ため池でダイバースーツを着て作業をしている人たちの姿が目に入った。尋ねてみると、先ほど食べた水蓮菜を収穫しているのだという。

水蓮菜は沼地に細長く伸びる水草で、全長は三メートル近くある。かつては美濃湖だけに自生していたが、現在は需要が増えたため、湖の水を引き込んだ池でも栽培されている。これにより、生産量は増加。現在は台北でも流通するようになっている。

食感が独特な水蓮菜

ご好意で、作業小屋を見せてもらった。池で摘んだ水蓮菜は作業場に運ばれ、葉くずや泥を落とす。コンクリートで作った大きな水槽の中に、若い女性たちが腰まで水に浸かって作業を

水蓮菜を洗う。収穫後もまた重労働が続く

こなしている。洗い終わった後は丸く束ね、ビニール袋に詰め込んでいく。全身で長い葉を巻きつけ、振っていく作業は見ているだけでも大変そうだ。水蓮菜は収穫だけでなく、その後の作業もまた、想像以上の労力を要するのだ。

しかも、夏場は炎天下で収穫し、冬場は寒い中、水に入って作業をしなければならない。身体に堪える作業だ。これもまた、勤勉実直な客家の精神によって支えられていると言ってもいいだろう。

「ありがとう」は言わないで

最後に連さんにお礼を言おうと、「美濃の客家語で『ありがとう』は何と言いますか?」と尋ねた。客家語とは言っても台湾の場合、いくつかグループがある。つまり、同じ客家語でも、地域によって発音や表現に違いが見られるのだ。

連さんの返事は意外なものだった。「正式には『恁仔細《あんつっせー》』、さらに丁寧に言う場合は『承蒙你《すんもんにー》』を頭に加えます。でも、実際のところ、美濃の人たちはあまり『ありがとう』は口にしないのです。もちろん、何かモ

アクセス情報
高雄から美濃へはバスを利用。所要約85分。高鉄左営駅からもバスは出ている。美濃のバスターミナル周辺にはレンタサイクルのショップがあるので、自転車で回るのがおすすめ。

ノをもらったり、手伝ってもらったりした時には頭を下げて感謝の気持ちを示しますが、言葉に出す人は少ないような気がします」と。

その理由は連さん自身にも分からないという。もちろん、美濃の人たちが礼儀正しくないという訳ではない。むしろ、客家の人々はしきたりや礼儀をとても重んじている印象だ。言ってみれば、これは親しい間柄なら助け合うことは「当たり前」とされているからで、「ありがとう」を多用するのはかえって他人行儀に感じられるということだからだろうか。

それとも、美濃のような農村社会では、他人であっても、家族同然の濃い人間関係が築かれてきたからだろうか。または、表面的なものではなく、中身を重視する客家の気質に関係があるのだろうか。そんなことを考えていると、益々この土地に興味が沸いてきた。

台湾の地方文化は、何とも奥が深い。

10

南部台湾 絶景路線の旅

高雄から台東まで

「鐵道迷」と呼ばれる人々

台湾には「鐵道迷《ティエタオミー》」という言葉がある。これは鉄道ファンを意味する中国語。台湾を旅していると結構な確率で列車にカメラを向けている人を見かける。日本の鉄道ファンとの交流も盛んで、インターネットの世界では日台双方の鉄道情報が盛んに飛び交っていて驚かされる。

台湾で発行されている唯一の鉄道雑誌『鐵道情報《ティエタオチンパオ》』の古庭 維《クー・ティンウェイ》編集長におすす

南廻線から見える台湾海峡（内獅～枋山）

めの路線を尋ねてみた。すると、南部と東部を結ぶ台鉄（台湾鉄路管理局・在来線）の屏東《へいとう》線と南廻《なんかい》線の名が上がった。屏東線は高雄から枋寮《ぼうりょう》まで、南廻線は枋寮から台東《たいとう》までの路線で、沿線にはヤシの樹やビンロウ樹のほか、バナナやマンゴー、蓮霧《レンブ》といった果樹園が広がり、南国風情がたっぷりと感じられる。

鉄道好きたちはこういった南国のアイテムを列車と絡めて撮影を楽しむ。そして、よりディープな撮影地を探し歩いては、熱くシャッターを切るのである。

また、このルートは海岸線沿いを走ったり、鉄道以外では駅に行くことが困難な「秘境駅」があったりする。バラエティに富んだ景色はもちろん、鉄道ファンのハートをくすぐるスポットも多く、飽きの来ない路線となっている。

さらに、鉄道ファンの間で注目されるのは旧型客車が走っていることだ。エアコンはないが、窓を全開にできるので、涼風が入り、意外にも快適だ。大地の息吹がしっかりと感じられ、車窓をじっくり楽しめると好評だ。

ただ、こういった旧型客車は年々数が減っており、現在は枋寮と台東の間で一日一往復運行されるのみとなっている。残念なことに、近い将来には廃止される運命にあるので、できるだけ早めに訪れたい。

カフェに生まれ変わった軍人宿舎

かくいう私も鉄道に乗って旅をすることが好きだ。台東の太麻里《たまり》に暮らすパイワン族の知り合いを訪ねたり、原住民族の豊年祭を取材する際には、高雄から台東まで途中下車の旅を楽しむことが多い。

高雄を出発し、しばらくすると、右手にはゆったりとした広大な川が見えてくる。これは高雄と屏東の間を流れる高屏渓《カオピンシー》で、日本統治時代の美しいトラス鉄橋の一部が残っている。この鉄橋は竣工時、日本最長だった。現在は使用されていないが、産業遺産として保存されている。一帯は公園として整備され、最近は夕日や朝日が美しいスポットとしても有名になっている。九曲堂《きゅうきょくどう》駅の近くにはこの鉄橋の架設工事に奉職した日本人技師、飯田豊二《いいだとよじ》氏の石碑も残る。

そして、屏東には近年人気を集めているカフェ街がある。ここは「勝利新村《センリーシンツン》」

高屏渓は日本統治時代、下淡水渓と呼ばれた

屏東市の勝利新村には木造家屋を用いたカフェが並ぶ

九曲堂駅の近くにある飯田技師の石碑

活気あふれる屏東の夜市

汕頭式のしゃぶしゃぶ鍋

と呼ばれるエリアで、戦前の木造家屋が数多く残っている。日本統治時代には飛行第八聯隊《れんたい》の宿舎エリアだった場所で、戦後は中華民国空軍の軍人とその家族が暮らしていた。

これらの老家屋は保存整備されており、カフェやレストランとして利用されている。中には、台湾在住三十年以上という大村かおりさんが開くカフェ「香夢園《シアンモンユエン》」もあるので、散策の途中に立ち寄ってみたい。

また、駅近くの民族路《ミンツールー》には「屏東夜市《ピントンイエスー》」というナイトマーケットもある。台湾ではちょっとした規模の町なら、どこに行っても夜市があるが、最近は整備が進み、昔ながらの風情が味わえるところは少なくなってしまった。ここはそういった意味でも貴重な存在だ。

なお、ここの路地裏には「新園《シンユエン》 牛《ニョウ》肉爐《ロウルー》」という絶品の牛肉しゃぶしゃぶ

保存される木造駅舎。現在は文物館になっている

を楽しめる店がある。「沙茶醤《サーツァーチアン》」という魚介類をベースにした特製ソースで食べる新鮮な牛肉は、あまりの美味しさにおしゃべりするのも忘れてしまうほどだ。

アジア最南端の日本語図書室

さらに屏東の先にある竹田《たけだ》駅には日本統治時代の木造駅舎が保存されている。その隣りにはかつての倉庫を利用した日本語の書籍を扱う図書室がある。その名も「池上一郎《いけがみいちろう》博士文庫」。二〇〇一年のオープンで、最近は台湾好きの日本人の間で広く知られるようになっている。

池上一郎博士とは、一九四三（昭和一八）年にこの地に赴任した軍医。竹田の野戦病院長を務め、軍人だけでなく、村人たちにも診療や治療を施していた。この地に滞在したのは終戦までの二年足らずだったが、戦後に東京へ戻った後も池上氏は台湾からの留学生を支援し、台湾との関係を保っていたという。戦後は一度もこの地を踏むことはなかったが、亡くなるまで、台湾への思いは断たれることがなかったようだ。

文庫には池上氏が寄贈した書籍のほか、ここの存在を知った日本人から送

延平路にある名物つみれ

イカやエビ、豚肉など具だくさんの粄條（上好佳）

られてきた雑誌なども収蔵されている。運営はすべてボランティアで行なわれ、毎年一月には創立記念式典が開かれている。式典はお年寄りたちによって日本の唱歌などが披露され、ほのぼのとした雰囲気の中で進められていく。九十歳を過ぎたおばあさんが童謡「七つの子」に合わせて踊る可愛らしい姿も見られる。

式典が終わると、お年寄りを囲み、おしゃべりに花が咲く。お年寄りたちは昨今の日本事情にも通じており、日本人の訪問者との会話を楽しみにしている。

最近は高雄や屏東の大学で日本語を学ぶ学生たちも参加しており、若い世代たちとの交流も深まりつつある。小さな図書室ではあるが、地域の日台交流という大きな役割を担っている。

昼食は潮州《ちょうしゅう》でグルメ散策

竹田の隣駅である潮州《ちょうしゅう》は、一七二〇年代に中国南部の潮州から渡ってきた移民が開拓したとされている。人口は五万人ほどだが、この一帯の中心となっており、それなりの賑わいを見せている。

冷たくて温かいかき氷「冷熱冰」

身体の熱を下げるというハーブティー

駅を降りたら、まずは六合路《リョウフールー》と延平路《イエンピンルー》の交差点にあるロータリーを目指したい。この近くには、揚げたカジキの練りものの店がある。もちっとした食感で、中には卵が入っている。また、客家料理の定番である「粄條《バンティアオ》（米を用いた太麺）」の専門店、「上好佳《サンハオチア》」も人気だ。この店の粄條は赤く色付けされているのが特色。オーナーによれば、特製のトマトソースとトウガラシを用いているとのこと。口の中で甘さと辛さと酸味が絶妙に混じり合う。

さらに、この先には地域の信仰の中心である「三山國王廟《サンサンクオワンミャオ》」という道教寺院があり、境内には漢方ドリンクの名店「林耀輝《リンヤオフェイ》 草茶《ツァオツァー》」がある。ここでは数種類の漢方薬材を長時間煮込み、そこに自家製キャラメルを加えている。苦さの中にもほのかな甘さが感じられる。しかも価格は一杯十元（約四十円）。聞けば、近隣の農民たちが作業の途中で飲みに来るので、ここ三十年以上、値上げはしていないという。オーナーの林耀輝《リン・ヤオフェイ》さんは九十歳近いが、今でも毎日店に顔を出す。「日本時代の教育を受けているから真面目なのよ」と義理の娘さんは笑う。

そして、デザートには潮州名物の「冷熱冰《レンラーピン》」を味わいたい。これは温かいお団子や小豆、タロイモなどの具材の上に氷をのせたもの。昔は台湾各

枋寮駅。南国の青空が美しい

地で食べられていたというが、今はあまり見かけない。冷たい氷と温かい具材。かなり不思議な組み合わせだが、かき混ぜず、下の方から具をすくい、氷と一緒に口に入れるのが通な食べ方。できたての白玉団子は弾力性があって、独特の食感だ。

生シラス入りの卵焼き

デザートタイムの後は、再び車上の人となろう。ヤシの樹が揺れる南州《なんしゅう》駅を通り過ぎると、車窓は南国ムードがより一層濃くなってくる。林邊《りんぺん》付近では呉郭魚（テラピア）の養殖池が延々と続く。強い日差しを受けて水面がキラキラと輝き、その美しい車窓に見とれていると、屏東線の終点である枋寮《ぼうりょう》に到着だ。

枋寮駅の待合所には特産のレンブ（蓮霧）をモチーフにした可愛らしいイスが置かれている。レンブの見た目は小さなリンゴのような形状だが、中はサクサクとした食感で、適度な甘みを持つ。季節によっては駅前で行商のおばさんが売っている姿を見かける。

もし、時間があれば、枋寮漁港まで足を運んでみたい。ここで

生シラスが入った卵焼き（枋寮漁港）

は生シラス入りの卵焼きを味わえる。水揚げされた魚介類が並び、活気に溢れた漁港の中を進むと、「吻仔魚煎《ぶらひちえん》」という看板を掲げた屋台が見えてくる。たっぷりの生シラスが入った卵焼きは、ちょっぴり濃い目のソースをかけて食べる。日本のシラス丼にも負けず劣らずの美味しさで、ぺろりと平らげてしまうはずだ。

海あり、山ありの絶景が続く

枋寮までの線路は日本統治時代に敷設されたが、ここから先は一九九二年一〇月五日に開通した区間。列車はレンブの畑の中をひたすら走っていく。

内獅《ないし》駅を過ぎた辺りから高台を走るようになり、車窓右手に台湾海峡が見下ろせる。陽光が差し込んだ静かな海面と緑の畑が広がる大地。そのコントラストが何とも言えない美しさで、台湾随一の絶景スポットと称されている。誰もが釘付けになってしまう眺めだ。

そうこうするうちに列車は谷間を走るようになる。そして、台湾最南端の枋山《ぼうざん》駅を通り過ぎる。ここは駅舎はあるものの、停車する列車は一日四本しかなく、ま

枋寮駅を出ていく莒光号

トンネルも少なくない。現在、南迴鉄路は電化工事中

途中駅での乗降はほとんどない

枋山駅を通過する自強号

さしく「秘境駅」と呼ぶにふさわしい存在。ちなみに、枋山は台南の玉井に次ぐマンゴーの産地で、一面のマンゴー畑が広がる。

この先、中央隧道（全長八〇七〇メートル）を越え、二〇一七年に廃駅となった古荘駅を過ぎると、大武《だいぶ》駅へと到着。ここも山間の小さな駅だ。いつ訪れても人の気配がなく、シーンとした静かな空気がホームを包み込んでいる。

大武駅を過ぎると車窓には太平洋が見えはじめる。川幅の広い金崙渓《チンルン》を過ぎると金崙駅に到着。ここには山奥の渓流沿いに温泉宿[★01]がある。二〇〇八年に大型台風が襲来した際、この一帯は甚大な被害を受けたが、最近はしゃれた民宿ができるなど、復興しつつある。

頭目の血を引くパイワン族のヨシコさん

太麻里はぜひ途中下車してみたい駅だ。駅正面にはコバルトブルーの太平洋が広がる。ここに降り立った旅人たちは海をバックに記念撮影するのが定番となっている。

ここには親しくお付き合いいただいているパイワン族のおばさんがいる。十数年前に台東市内で知り合い、その後、集落で行なわれる収穫祭に参加させてもら

★01 金崙はパイワン族が多く暮らす地域。温泉の手前の集落はそのまま漢字で「温泉」。しかし、パイワン族の人々は「オンシン（onshin）」と呼んでいる。これは日本語の「おんせん（onsen）」が訛ったものである。

駅前に広がる太平洋（太麻里駅）

うなど、何度か遊びに行ったことがある。駅から車で十分ほどの正興村《ツェンシン》の坂道を上ると、スレート板のオブジェが見えてくる。

この村の住民は、もともと北大武山一帯に集落があった人々である。日本は原住民族の人たちを管理しやすいように山から下ろし、移住させる政策を採った。彼らは低地に移住させられ、戦後、さらにここに移ってきた。本来の集落の名はビリャリャウ（ピララウ）社だ。

おばさんの名前は「村上芳子（ヨシコ）」で、部族の名前は「ディママヴァン」、戦後は「林美妹《リン・メイメイ》」という中国語名を名乗ってきたが、村人からは「ヨシコ」と呼ばれている。私も親しみを込めて、「ヨシコおばさん」と呼ばせてもらっている。

パイワン族は階級社会を形成しており、貴族階級と平民階級に分かれる。頭目（酋長）の地位には性別を問わず、頭目夫人のお腹から最初に生まれた子供が継承

百歩蛇はパイワン族の守護神とされる

することになっている。ちなみにルカイ族も似た社会を形成しているが、頭目の地位を継ぐのは男性のみとなっている。

ヨシコおばさんはトリトリと呼ばれる集落の頭目の家庭に生まれた。第一子だったが、二十歳の時にこのビリャリャウ社の頭目と結婚したため、頭目の地位は弟が引き継いだ。当時のしきたりはとても厳格で、頭目の家系に生まれた人間は同格の家庭の人物としか結婚できなかったという。

穏やかな性格で、笑顔の絶えないヨシコおばさんだが、言葉やしぐさには、どことなく威厳が感じられる。これはやはり頭目の血筋に関係しているのだろうか。

三つの名前を持つお年寄り

ヨシコおばさんには「アキラさん」と呼ぶ七十年来の友人がいる。日本統治時代の名前は「松本明」で、部族の名前は「パリプリプ」、中国名は「曾明《ツェン・ミン》」だ。

一九二七（昭和二）年生まれだが、今でもバイクに奥さんを載せて毎日畑に出かけ

パイワン族の収穫祭

祖先に感謝の意を示し、儀式は続く

るという元気いっぱいのおじいさんである。

戦前、ヨシコさんは衛生室の看護婦をし、アキラさんは派出所で警丁をし、隣同士で仲が良かったという。警丁とは警察官の補助をする仕事で、村の中でも優秀な若者が選ばれた。

アキラさんは子供の頃、教育所★02の教室に右側に「良い人になる」、左側に「役立つ人になる」と書いてあったのを覚えているという。そして、毎朝、神社へ清掃に出かけることを日課にしていた。この神社の掃除はアキラさんにとって、何よりの誇りだったという。しかし、戦争が終わって日本人が去ると、それまでの価

★02 正式には「蕃童《ばんどう》教育所」と呼ばれ、山岳部に暮らす原住民族の子弟に対する初等教育機関だった。修学年数は四年と定められていた。

パイワン族の工房

太麻里駅から歩いて10分ほどのところにはパイワン族の伝統刺繍の工房「陳媽媽《ツェンマーマー》工作室」がある。オーナーの陳利友妹《ツェン・リーヨウメイ》（部族名はラバウス）さんが母親から習ったという伝統刺繍を用いたポーチやカバン、民族衣装などを製作している。図柄にはパイワン族の貴族の祖先である「百歩蛇《ひゃっぽだ》」などが描かれている。陳さんは伝統工芸コンテストで受賞したことがあるほどの実力の持ち主で、現在は師匠として村の女性たちに教えながら創作活動を行なっている。その精緻な刺繍はどれも美しく、お土産に喜ばれること間違いない。すぐ近くにはお孫さんが経営するトンボ玉の工房もある。なお、陳利友妹さんは日本語教育を受けていない世代だが、日本語が話せる。（台東県太麻里郷大王村金萱路77号．089-780-737・不定休なので事前に要確認）

陳利友妹さん

ヨシコおばさん（左）。隣のモモコおばさんは歌の名手

値観は一変した。神社は廃され、荒れるに任された。多くを語らないが、アキラさんはその時、何を考え、何を思ったのだろうか。

ヨシコさんやアキラさんのように、日本語世代の原住民族は三つの名前を持っている。部族の名前、日本統治時代の名前、そして中華民国時代の名前だ。山深い土地に暮らしていた彼らもまた、激動の歴史に無縁ではいられなかった事実を思い知らされる。

原住民族は本来、部族ごとに独自の言語を持っている。しかし、日本統治時代、国語と称して徹底的な日本語教育が行なわれた。特に、異部族同士の間では日本語がコミュニケーション言語として用いられたため、ヨシコおばさんたちも近隣のルカイ族やアミ族のお年寄りとは今でも日本語で会話をするという。

そして、台湾が中華民国体制下に組み込まれた後も、家庭や集落の中で、日本語を使い続けた。その結果、お年寄りだけでなく、下の世代でも日本語を話せたり、聞いて分かるという人たちが存在するようになった。

金針花は太麻里以外に花蓮県玉里でも知られる

ご来光、そして山吹色の花畑

太麻里ではパイワン族の文化に触れられるだけでなく、近年は台湾で最も美しいとされるご来光が見られることで人気となっている。太麻里はパイワン族の言葉で「チャパリ」と呼ばれ、「太陽が昇るところ」を意味する。

また、夏には山の斜面に金針花という山吹色のユリ科の花が咲き誇る。これはつぼみが食材となり、スープの具や炒めものなどに用いられる。近年はつぼみを取らず、観光用に花畑を残す農家も多く、オレンジ色の絨毯を敷いたかのような幻想的な光景が行楽客を魅了している。駅周辺には民宿やホテルなども増え始めている。

高雄から台東までの鉄道の旅。ご当地グルメや絶景だけでなく、日本と台湾の絆を感じられるスポットなど、文化面でも魅力的な路線だ。高雄を早朝に出発すれば、途中下車を楽しんでも、夜には台東に到着できる。できれば一泊して金崙の温泉や太麻里の散策などを楽しむのもいいだろう。

南廻鉄路　車窓見どころガイド

台湾で最も美しい車窓を誇る南廻鉄路。雄大な景色だけでなく、変化に富んだ車窓が楽しめるので、退屈しない。特に内獅から枋山、枋野にかけては台湾鉄路のハイライトとも言うべき絶景区間。また、太平洋岸も大海原が車窓に広がる。

❶ 九曲堂
日本統治時代に高屏渓の架橋工事に携わった技師・飯田豊二の石碑が残る

❷ 屏東
屏東県の中枢。駅近くに昔ながらの風情が楽しめる夜市（ナイトマーケット）がある

❸ 竹田
木造の旧駅舎が保存されている。隣に日本語図書室の池上一郎博士文庫もある

❹ 潮州
駅から5分ほど歩くと古い家並みが残る。ちょっとした駅前散策が楽しい町

❺ 南州
日本時代に設けられた製糖工場の宿舎エリアの中に神社の遺跡がある

❻ 林邊
この辺りから南国風情がぐっと色濃くなる。車窓には養殖池が多く見られる

❼ 佳冬
伝統家屋「蕭家古厝」がある。少し離れたところには佳冬神社の遺跡が残る

❽ 枋寮
漁港のほか、田中綱常少将を祀る「東龍宮（田中将軍廟）」という寺廟もある

❾ 加禄
駅周辺にはグアバ畑が広がる。構内には廃車になった車両が留置されている

❿ 枋山
台湾最南端の駅。眼下には一面のマンゴー畑が広がる。前後区間は絶景が続く

⓫ 大武
ホームから海が少し見られる。この先、トンネルの合間に太平洋が広がる

⓬ 金崙
小さな温泉郷。駅近くから台東方面に向かうバスに乗り継ぐことが可能

⓭ 太麻里
御来光スポットとして知られる。駅周辺には一面の釈《シャ》迦《カ》頭《トウ》畑が広がる

⓮ 知本
台湾東部最大の温泉郷。プユマ族の人々が暮らす。温泉まではバスを利用

⓯ 台東
東部幹線との接続駅。市街地まではバスかタクシーを利用しなければならない

旧多良駅付近

屏東線・南廻線

アクセス情報

高雄から枋寮までは本数が多いが、枋寮から台東までは本数が少ないので要注意。

第4章

原住民族と秘境の文化に触れる

11

魅惑の東海岸

花東《かとう》海岸公路バスの旅

鉄道の旅、バスの旅

台湾では鉄道旅行の人気が高い。特に二〇〇〇年頃からは手軽な旅行のテーマとしての鉄道が注目されるようになった。日本統治時代の木造駅舎巡りや鉄道関連の産業遺産訪問、蒸気機関車の動態保存機を用いた観光列車などは世代性別を問わず高い人気を誇っている。

一方で、バスの旅も魅力的だ。特に花東《ホワトン》海岸《ハイアン》公路《コンルー》は車窓が変化に富んでいるだけでなく、多彩な文化景観に触れることができる。花蓮から台東までのほぼ全区間で、アミ族を中心に原住民族の人々が多く暮らしている。豊かな自然と美しい景観、そして、文化的にもディープな世界に触れられる。

季節を問わず、魅力的な景観が楽しめる東海岸の旅だが、できることなら、豊年祭が開かれる夏場を選びたい。大まかには七月が台東県内、八月が花蓮県内の各集落で豊年祭《ほうねんさい》★01が開かれる。

特急・普悠瑪《プユマ》号で花蓮へ

台湾東部の玄関口になるのは花蓮市だ。台北を早朝に出発すれば、午前中に到着できる。台鉄自慢の俊足列車「普悠瑪《プユマ》」号か「太魯閣《タロコ》」号に乗れば、所要時間は二時間あまり。週末や旅行シーズン中は席が取りにくいという欠点はあるものの、快適な旅が楽しめる。

花蓮駅前には一大観光地となっている太魯閣峡谷や花蓮市内へ向かうバスに混じって、花東海岸公路を南下するバスが発車を待っている。

花蓮の市街地を抜け、しばらくすると太平洋が見えてくる。コバルトブルーや群青色に彩られた大海原は息を呑むような美しさだ。雄大な景観をのんびり眺め

俊足列車「タロコ号」

★01 台湾東部にはアミ族やプユマ族、パイワン族、ルカイ族など複数の民族が暮らす。豊年祭のスケジュールは花《か》蓮《れん》県と台東《たいとう》県のウェブサイトに発表される。ただし、台風などで変更される場合も多いので、できれば事前に郷公所（役場）などに確認したい。参加する際にはルールやしきたりを守り、祭典の邪魔にならないように心がけたい。

蘇澳新から花蓮までの区間はトンネルの合間に絶景が続く

南国風情あふれる東海岸

東部行きの台鉄の切符

ここ数年、台湾東部への観光客が増加し、切符の入手が困難になっている。ただし、満席の場合でも当日の枠があるので、早朝に駅へ行くと取れてしまうことも。切符が取れなかった場合、台北から羅東《らとう》まで葛瑪蘭《クーマーラン》客運のバスに乗り(所要七十分)、羅東から花蓮まで座席指定のない「區間車」で行くという方法もある。

ていると、日頃の疲れが吹き飛んでいくのを実感できる。そんな車窓が延々と続いていく。

台湾の地方都市を走るローカルバスには車内放送がない。その代わりに、運転手の好みで音楽が流されていることが多い。この日も軽快なリズムにアレンジされた日本の演歌が流れていた。これが意外にも東海岸の景色にぴったりと合う。

私が目指したのは新社《しんしゃ》という集落である。ここには「クヴァラン(カマラン)族」の人々が暮らしている。人口は約一千五百人と少なく、台湾政府が認定している十六部族の中でもかなりの少数派だ。その文化に接する機会は少ないので、豊年祭はまたとないチャンスである。

豊年祭の日程はインターネットでも検索できるが、当日の詳細なスケジュールまでは分からない。そこで豊濱《とよはま》郷の役場に電話してみると、最も盛り上がるのは夜とのことだったので、これに合わせて旅の日程を組んでみた。新社には民宿もあるので、そこを確保し、クヴァラン族の郷へと向かった。

クヴァラン族の豊年祭

豊年祭は夕方からなので、途中で「親不知子《チンプーツーツ》天空歩道」★02に寄り道してみた。こ

★02 親不知子断崖という地名は日本統治時代に付けられた。由来は諸説あるが、新潟県糸魚川にある親不知《おやしらず》断崖の風景にそっくりなのは確か。そのほか、花蓮には瑞穂《みずほ》、玉里《たまさと》、富里《とみさと》、舞鶴《まいづる》、春日《かすが》、平《ひら》林《ばやし》など日本統治時代の地名がいくつも残っている。

スリル満点の親不知子天空歩道

こは二〇一七年七月に完成した歩道で、断崖にへばりつくように設けられている。一部の床面が強化ガラスとなっていて、眼下には断崖に激しくぶつかる水しぶきが見える。高所恐怖症ならずとも、思わず手すりにつかまってしまう怖さである。しかし、中には平然と歩き、「短すぎる」とか、「入場料が高い」などと、文句を言っている観光客もいる。オープン前、安全基準に満たないことを理由に、何度となく検査が入っていたことを、この人は知っているのだろうか。

空中散策を終えて再びバスに乗る。新社はクヴァラン族が多く暮らしているが、近隣にはアミ族の人が多い。バスを下車したかぎりでは、どこにでも見られそうな、ごく普通の集落のように思えてしまう。

クヴァラン族はかつてアミ族に分類されていた。しかし、十年以上にもわたる請願運動が行なわれた結果、二〇〇二年に政府から部族の認定を受けた。

もともと、クヴァラン族の人々は台湾東北部の蘭陽平原に居住していたが、清国時代に漢人系住民との同化を拒んで、花蓮県北部に南遷。一八七八年にはサキザヤ（サキラヤ）族とともに清国の統治に抵抗し、虐

新社のクヴァラン族の豊年祭

殺されるという事件もあった（加礼宛（カレワン）事件）。これを機に、人々はさらに南へ移住し、ここ新社を中心に、立徳や樟原といった花蓮県中南部に暮らすようになった。

長年にわたってアミ族や漢人の影響を受けてきたため、文化の独自性は失われつつある。それでも、新社では今でも固有言語であるクヴァラン語が話されている。また、バナナ繊維を用いた伝統工芸品を復活させる動きもあり、集落には「新社香蕉絲工坊」が設立されている。ここでは有機栽培のバナナを使用し、リュックや携帯電話入れなどを製作販売している。

なお、宜蘭県にはクヴァラン族の文化はほとんど残っていないが、「流流社《リョウリョウサー》」という集落には末裔が暮らしている。

豊年祭の会場は新社の小学校のグランドだった。祭典は暑さが和らぐ夕方四時半に始まった。頭目を先頭に伝統衣装に身を包んだ長老、青年、婦人、少女が順に入場してくる。整列すると、祈祷の儀式が始まる。会場の中央に置かれたテーブルには、タバコや酒、ビンロウ、生の豚肉や内臓類がお供えされている。そこへ全身を黒い服に包んだ小柄な老婆が現れ、呪文を唱えながら儀式を始めた。

あとで声をかけてみると、この老婆はシャーマンの役割を担っている方だった。

お名前は潘烏吉《ファン・ウーチー》（部族名はイーバイ）さん。先ほどの儀式は祖霊に対し、祭りに来るように呼びかけていたのだという。年齢を尋ねると、「十八歳の小娘よ」と笑って答えない。本当は九三歳なのだそうだが、何とも明るく元気な方だった。

ちなみに儀式は方角が重視される。彼らの祖先たちが移住前に暮らしていた蘭陽地方、つまり北に向かって行なわれる。

儀式が終わると、人々は歌に合わせながら円陣になって踊りを始める。明るく快活なアミ族の歌に比べ、クヴァラン族の歌はゆったりとしたテンポである。そ

台湾原住民族の請願運動

台湾原住民族は日本統治時代には「高砂族《たかさごぞく》」、戦後は中華民国政府から「山地同胞《さんちどうほう》」と呼ばれていた。そのほか、「蕃人《ばんじん》」や「生蕃《せいばん》」といった蔑称も使用されていた。一九八〇年代には自らの尊厳を取り戻す「正名運動《せいめいうんどう》」が行なわれ、一九九四年に「原住民」となり、一九九七年に「原住民族」となった。原住民という呼称は日本では差別的な意味合いを含むとされるが、台湾では「先住民」という言葉が「すでに滅んだ」という意味になってしまうため、本書では「原住民族」としている。

日本統治時代から戦後長らく部族認定を受けていたのは九部族のみだったが、正名運動によって二〇〇一年にサオ族、二〇〇二年にクヴァラン族、二〇〇四年にタロコ族、二〇〇七年にサキザヤ（サキラヤ）族、二〇〇八年にセデック（セイダッカ、サジェックとも）族、二〇一四年にカナカナブ族とサアロア（ラアルワ）族が認められ、現在は十六部族になっている。ただし、シラヤ族やパゼッへ族、カハブ族、マカタオ族、タオカス族など、まだ正式に認定されていない部族も存在する。

三仙台は沿線最大の景勝地

れでいて、どこか力強さを感じる旋律で印象深かった。故郷を追われ、そして一度は消滅しかけた自分たちの文化を盛り上げようという気概が伝わってきた。

東海岸最大の漁港がある成功へ

豊年祭の翌日、再び成功行きのバスに乗って海岸道路を南下する。日本統治時代の神社遺跡が残る大港口を過ぎ、ラフティングボートで人気を集める秀姑巒《しゅうこらん》渓にさしかかった。

この河口には小さな島が見える。ここは「獅球嶼《しきゅうしょ》」と呼ばれる島で、日本統治時代は「弁天島」と呼ばれていた。この地には一八〇二年、文助さんという函館の船乗りが仲間とともに漂流してきたという伝説が残る。★03

その先、天然洞窟の「八仙洞《はっせんどう》」、そして、北回帰線の標塔を過ぎると、いよいよ正真正銘の熱帯地域に入る。車窓には、より鬱蒼と生い茂るヤシの樹が目立つようになる。

車窓を眺めながら、数年前に八仙洞からバスに乗車した時のことを思い出した。座席後方から日本語が聞こえてきたので、振り返ると、二人のおばあさんがおしゃべりを楽しんでいた。聞けば長濱《ながはま》と樟原《しょうばら》に暮らすアミ族の方たちだった。

アミ族について

アミ族の人口は約二十万人。台湾原住民族の中で最大の人口を誇り、花蓮や台東の広範囲に暮らす。花蓮付近のアミ族は「南勢アミ」と呼ばれ、自称は「パンツァー」。一方で台東に暮らすアミ族の自称は「アミス」。これは「北に暮らす人」という意味で、台東に暮らすプユマ族の人たちがこう呼んだことにちなむ。

アミ族は母系社会で財産は長女が継ぎ、子供は母方の姓となる。男性には「スラル」という年齢による階級組織があり、五年ごとにグループが分けられている。スラルは結成された年に起きた出来事や事件によって名を付ける。たとえば日本の軍艦が入港した年のグループは「ラ・グンカン」、洪水が起きた年には「ラ・コウズイ」などとなる。

豊年祭は「イリシン」、もしくは「ミリシン」と呼ばれる。祭典では伝統歌曲のほか、新たに創作された曲も唄われる。ここ数年、流行っているのは、敏いとうとハッピー＆ブルーの『星降る街角』をアレンジした『阿美恰恰（アミ族のチャチャ）』という曲。これが流れると会場全体が格別な盛り上がりを見せる。

さらに運動神経に優れているため、日本のプロ野球界で活躍している選手も少なくない。1980年代に中日ドラゴンズに在籍していた郭源治や現在読売ジャイアンツに所属している陽岱鋼もアミ族の出身だ。

朗らかな性格のアミ族の人たち

おばあさんたちの話題は世界共通で、嫁と息子への不満で盛り上がっていた。年齢から判断すると、子供時代に終戦を迎え、日本の教育は受けていないはずだが、日本人である私が聞いているかどうかは関係なく、一貫して流暢な日本語で話していたのには驚いた。

成功《せいこう》に着くと、「娘さん、またお会いしましょう」と言ってバスを下りて行った。私は「娘さん」と呼ばれる年齢をとうに過ぎているが、日本語世代の老人たちは「娘さん」や「お嬢さん」などと言ってくれるので、思わず頬が緩んでしまう。時代とともに減ってしまったが、以前はバスや列車の中で日本語世代の老人たちから声を掛けられることが少なくなかった。思いがけず、流暢な日本語に触れ、自分が今、どこにいるのか分からなくなる不思議な感覚に陥ったものだ。中にはこうした出会いがきっかけで仲良くなった方たちもいる。

そんな思い出に浸っていたら、美しいアーチ橋で有名な「三仙台《さんせんだい》」を過ぎ、バスの乗り換え地点である成功に到着した。ここは台湾東南部最大の漁港であり、日本統治時代にその基礎が築かれた。今でも、日本人移民によって持ち込まれたというカジキの突きん棒漁が行なわれている。

★03
文助さんの口述は文書として残っており、写本が旧台湾総督府図書館に所蔵されていた。戦後、台湾育ちの作家・西川満《みつる》氏がこれをもとに、小説『ちょぷらん島漂流記』を発表している。小説には当時のアミ族の風習や村の女性との恋愛、他の集落との戦いなどが描かれている。波乱に満ちた漂流記は時代を経て今も惹きつけられる。

アーティストたちが集まる都蘭《とらん》

都蘭では、町の中心にある「新東糖廠《しんとうとうしょう》文化園區」を訪ねた。ここは日本統治時代に赤砂糖を生産する製糖工場があった場所。一九九一年に操業停止となり、長らく遺棄されていた。しかし、産業遺産として保存が決まり、現在は芸術家のアトリエやギャラリー、カフェなどが入っている。週末にはライブやフリーマーケットなどのイベントも催されている。

中でも地元の原住民族のグッズを扱う「好的擺《ハオタパイ》」は人気を集めている。店内には洗練されたグッズがセンス良く並べられ、実用的なものが少なくない。オーナーのホミーさんは台中出身の漢人。フレンドリーかつパワフルな女性で、ゲストハウスも経営している。約十年前にパイワン族の歌手であるご主人のタカナウ（達卡鬧）さんと都蘭に移り住み、今では村の皆と顔見知りだ。

都蘭は二〇〇〇年頃からスローライフを求めに来る人やアーティストたちが数多く移り住むようになっている。そして、村を離れていた若者が少しずつ戻りはじめ、店を開くケースが増えている。原住民族の集落は若者の就職難と人口流出が問題となっているが、ここは地域の発展モデルとして期待されているという。

01製糖工場の跡地はアートスポットに
02お土産物探しも楽しい「好的擺」
03タバコ、アワ、ビンロウで作った石けん
04地元の女性たちが作ったバッグ

魂が込められた高砂義勇隊の木刻

ホミーさんはアミ族の彫刻家であるシキ・スフィン（希巨蘇飛）さんを紹介してくれた。彼は「新東糖廠文化園區」内に最初にアトリエを開いた人物で、高砂義《たかさごぎ》勇隊《ゆうたい》と台籍老兵《たいせきろうへい》をテーマにした作品を手掛けている。

高砂義勇隊とは第二次世界大戦末期に台湾の原住民族によって編成された部隊である。彼らは雑役を請け負う軍夫としてニューギニアなど南洋の最前線に送られた。身体能力の高い彼らは、ジャングルの中で期待以上の働きをみせたという。ここ都蘭からも多くの若者たちが志願し、戦地に赴いたが、その多くは故郷に戻ることがなかった。

しかも、命からがら祖国へ戻って来た者には過酷な運命が待ち受けていた。日本に代わって台湾の統治者となった中華民国は敵国兵だった彼らに冷たかった。そして、長らく続いた言論統制の時代、老兵となった彼らもまた、自らの過去について口を閉ざした。一方で、ジャングルでの凄惨を極めた戦いの記憶もまた、彼らを悩まし続けた。

戻ってきた者の中には、国民党政府によって中華民国の軍隊に組み込まれ、中

ニューギニアまで慰霊に出かけたことがあるシキさん

シキさんの作品

国へ赴いた人たちもいた。さらに中国で捕虜となり、朝鮮戦争のときには共産党軍として戦い、そのまま中国に残らざるを得なかった人たちも存在する。いわゆる「台籍老兵」★04と言われる人たちだ。

シキさんの作品にはなぜか翼が付いている。それは外地で戦った祖先の霊が故郷へ戻って来られるようにという願いが込められている。「日本政府も、中華民国

★04
「台籍老兵」については高雄の旗津半島に「旗津戦争《チーチンツァンツェン》與和平《ユィフーピン》紀念公園主題館」がある（高雄市旗津区旗津二路701号）。なお、台籍老兵には漢人も含む。

政府も、高砂義勇隊や台籍老兵の歴史を後世にきちんと伝えていません。自分はこの史実を次世代に伝えるのを使命として創作活動を続けます」と語っていた。

話を伺った後、私たちは都蘭の家並みと青い空、そして大海原が眺められる高台に向かった。その途中、ペンションの建設現場の脇を通った。最近、都蘭にはこうしたペンションが増えているという。「過度な開発が進み、今後の都蘭がどうなっていくのか。不安もあります」とつぶやいたシキさん。確かに、祖先から受け継いだ美しい自然や素朴な暮らしが失われないことを願うばかりである。

バスは台東駅を通り、市街地へと入った。台湾東部にはさまざまな民族が暮らし、それぞれが自らの文化を堅持している。少し余裕をもってスケジュールを組み、じっくりとその土地の表情を眺めてみると、バスに揺られて移動するだけでも、十分にその個性に触れることができる。多様な文化を包み込むこの土地の奥深さを実感してみたい。

●花蓮
花東海岸公路のバスは駅前に発着。観光案内所もある

●海洋公園
東部最大のテーマパーク遠雄海洋公園とホテル

●水璉
この辺りは海岸線を離れ、山道のアップダウンが続く

●芭崎
高台から大海原を見おろせる見晴らし台がある

●磯崎
日本時代から続く海水浴場。サキザヤ族が暮らす

●新峯
「親不知子天空歩道」の最寄りのバス停はここ

●新社（パテルンガン）
クヴァラン族が暮らす集落。美しい棚田が見られる

●豊濱（バコン）
コンビニや食堂がある。夏に盛大な豊年祭が開かれる

●立徳（コディッ）
クヴァラン族の集落。日本時代の名は戸敷（としき）

●石梯港
鯨ツアーの拠点。港付近に海鮮料理の食堂が集まる

●石梯坪
海蝕地形で知られる。バス停近くに食堂と民宿がある

●大港口
集落のはずれに神社の遺跡。石段と鳥居が残る

●秀姑巒渓
ラフティングボートの拠点。河口に獅球嶼（弁天島）

●静浦
バスは静浦行きも多く、乗り継ぎが必要なことも

●北回帰線標塔
白亜の美しい塔がある。亜熱帯と熱帯の境界線

●樟原
ノアの箱舟のような形をした個性的な教会がある

●八仙洞
巨大な洞窟遺跡。内部は祠だったが現在は公園に

●公糧倉庫
バス停そばに足裏マッサージの創始者・呉神父の店あり

●長濱
台湾最古の遺跡「長濱文化」。日本時代の名は加走湾

●石雨傘
雨傘のような形をした海蝕地形が広がっている

●三仙台
人気の景観スポット。夏場は日焼けと脱水症状に注意

●成功（マラロウ）
台湾東南部最大の漁業基地。日本時代の名は新港

●都歴（トリッ）
集落から少し離れた水田の中に神社の遺構が残る

●馬武渓
日本時代は「台東耶馬溪」と呼ばれていた美しい渓谷

●東河（ファブクル）
肉まんとサーフィンで知られる。ゲストハウスもある

●金樽（カナダル）
サービスエリアのオープンテラスカフェが人気

●都蘭（トラン）
東海岸最大のアミ族集落。ゲストハウスや民宿がある

●水往上流
用水路の水が下から上に流れるという奇観が見られる

●杉原
日本時代から美しいビーチで知られていたスポット

●加路蘭（カロラン）
日本時代に作られた「石山娘」という歌の舞台

●小野柳
キノコ岩や豆腐岩など、数々の奇岩怪石が見られる

●富岡
緑島や蘭嶼に向かう船が発着する小さな漁港

●卑南渓
台湾東南部最大の河川。河川敷がとても広い

●台東車站（台東駅）
市街地とは離れている。駅に寄らないバスもある

●台東
バスターミナル付近には手頃な宿がいくつかある

※カッコ内は現地語（部族語）による読み方

花東海岸公路の旅

花蓮と台東を海沿いに結ぶシーサイドライン。一方に大海原、一方になだらかな山並みが続く。沿線にはアミ族をメインに、クヴァラン族、サキザヤ族、終点の台東付近にはプユマ族の集落があり、原住民族の文化にも触れられる。

12

サイシャット族の村を訪ねる

南庄・向天湖

語り継がれる「タアイ」の伝説

古今東西、「こびと」にまつわる伝説は数多く存在する。その神秘に満ちた存在は想像力をかき立ててくれるが、台湾の原住民族の昔話にも「こびと」が登場する。★01 中でも、サイシャット（サイセットとも）族に残る伝説は興味深い。

「こびと」はサイシャットの言葉では「タアイ」と呼ばれる。いくつかのストーリーが伝えられているが、まずは以前、私が台湾北西部の山間に暮らす長老に教

山間に暮らす人々。深い霧に包まれることも多い

えられたストーリーを紹介してみたい。

その昔、サイシャット族の人々は「こびと」と仲よく暮らしていたという。タアイは身長が1メートルに満たないが、頭脳明晰で腕力が強く、かつ妖術にも長けていた。彼らはサイシャット族に稲やアワの栽培法、病気の治療法など、さまざまな智慧を授けたと伝えられている。また、歌や踊りが上手だったため、収穫祭などの際には、ともに収穫を感謝し、豊作を祈願していたという。

しかし、ある日、小さな誤解からサイシャット族の人々はタアイに敵意を抱くようになってしまう。その理由は後述するが、この誤解が悲劇を招いた。タアイはビワの樹の上で休む習慣があったが、人々はタアイがいない間にこの樹を斬りつけた。しばらくして、何も知らないタアイが登ったところ、樹木が倒れ、二人の長老を残して谷底へ落ちて死んでしまったという。

その後、タアイの恨みを買った人々は飢饉と不作に苦しめられることになる。生き残ったタアイの長老も集落を離れたが、その際、慰霊の儀式を行なうことを指示し、東の方角へ去ったという。それ以来、人々はかつての行ないを反省し、タアイの霊を慰めるべく、祭事を行なうようになった。

これが現在も続く「パスタアイ（巴斯達隘、または矮霊祭《アイリンチー》とも）」となった。

★01 パイワン族には先祖が台湾に渡ってくるよりも以前、肌が浅黒い「こびと」がいたという言い伝えがある。また、サアロア（ラアルワ）族の伝説にも地底世界に暮らす「こびと」たちが登場する。

霧のかかった向天湖

向天湖のサイシャット文物館

南庄は人気の行楽スポット

南庄には昔ながらの家並みが残るほか、「桂花巷《クェイホワシアン》」と呼ばれる路地には、お土産屋やデザート店がずらりと並ぶ。ここでは白玉団子入りのキンモクセイ風味のかき氷「桂花冰鎮湯圓」を味わいたい。また、高台には日本時代に建てられた南庄郵便局の建物が残り、郷土資料館になっている。その向かいの石段は「乃木坂」と呼ばれる。これは第三代台湾総督の乃木希典にちなんだもの。石段を上がったところには石碑も残る。現地では「乃木崎」と表記されている。

サイシャット族の暮らす集落

サイシャット族は人口六千人あまり。主に新竹県の五峰《ごほう》郷と苗栗《びょうりつ》県の南庄《なんしょう》郷、獅潭《したん》郷に暮らしている。前者は北サイシャット族、後者は南サイシャット族と呼ばれることもあり、習俗に若干ながら差異が見られる。

パスタアイは二年に一度、五峰郷大隘《だいあい》村と南庄郷向天湖《こうてんこ》の二ヶ所で催される。時期は旧暦十月十五日前後だが、具体的な日程は長老たちの話し合いによって決まるため、毎回事前の確認が必要となる。

私が初めてパスタアイを訪れたのは二〇〇〇年のことだった。この時は五峰郷大隘村を訪れた。原始的な祭典を想像していたが、行ってみると、観光客の数もそれなりに多く、屋台なども多く出ていた。正直な印象としては、予想を上回る大規模な祭典だった。

二年後の二〇〇二年は南庄郷向天湖の方を訪ねた。こちらは五峰に比べると規模は小さく、観光化されていないのが魅力だった。

向天湖へは南庄という町がゲートとなる。ここは客家人が多く暮らす地域で、客家料理や伝統的なデザート、雑貨などを扱う店が多い。週末にもなれば、田舎町

カメラにもしっかり魔除けの儀式

にしては不釣り合いなほどの賑わいとなる。パスタアイは深夜に行なわれるので、まずは南庄を散策し、夕食には本場の客家料理を味わって、夜を待った。

夜通しで続く幻想的な祭典

真っ暗な山道を猛スピードで進むバスに揺られて約三十分。会場に着くと、民族衣装★02に身を包んだ男女が手を繋ぎながら円陣を描いて踊っていた。早速カメラを向けたいところだが、その前にある儀式を行なわなければならない。

それは「魔除け」だ。まずは休憩所を兼ねた小屋に向かい、挨拶もそこそこにススキの葉を腕に巻いてもらう。これはパスタアイに参加する者は例外なく、必ず身に付けなければならない。なんでも、これを怠ると悪霊に取り憑かれてしまうからなのだという。

ススキの葉を巻いたのは腕だけではなかった。「へんなものが映っても困るでしょう」と言って、青年はカメラにもしっかりと結びつけた。

パスタアイは三日三晩、夜通しで踊りが繰り広げられる。一日目にはタアイの霊を迎え、二日目は歩みの遅い老人のタアイの霊を五峰へと送り出す（そのため、五峰は南庄よりも一日遅く祭りが始まる）。そして、三日目を迎えると、タアイを東の方向へ

幻想的な雰囲気の中で続くパスタアイ

見送る儀式が行なわれる。

踊りの輪はリズムに従って、ゆっくりと動く。しかし、突然、足早になったりするので、動きは不規則だ。また、輪を小さくしたり、大きくしたりもする。単調に見えながらも、間断なく揺れ動いている。

何よりも印象的なのは、踊りの輪から発せられる「音」だ。人々は背中に鈴の付いたリュックのようなものを背負っている。これは「カタパンガサン」と呼ばれ、サイシャット族特有のもの。他の霊が入ってこないようにするための魔除けの意味がある。

カタパンガサンには鈴や棒状の筒が付いているため、揺れるたびにシャン、シャン、シャンという音が出る。哀愁を帯びた独特な調べで、これが山全体に響き渡っていく。

サイシャット族にはパスタアイの時にだけ唄うという特定の歌曲がある。これはタアイに懺悔し、その霊を慰めるという意味が込められている。そのためか、アミ族やプユマ族の豊年祭で耳にするような明るい歌声とは随分と印象が異なる。

03

01

02

❶各人が鈴の付いた袋を背負う
❷屋台も出ているので食事の心配は無用
❸それぞれの姓が刺繍された大きな旗
❹朝を迎えると和やかな雰囲気に一変する

04

★02 サイシャット族の衣装は赤、白を基調とし、幾何学的な紋様の刺繍が施されている。ファーウェンナ・カレさんによると、卍に似た紋様は「雷女」、菱形の紋様は「海龍女」、そして、×字模様はタアイへの懺悔の気持ちを表しているという。これらはサイシャット族にとって重要な精霊だ。

衣装に見られる「卍」の紋様

正直なところ、パスタアイの時に唄われる歌曲はどれも物寂しげな曲調だ。しかも、向天湖は海抜七三八メートルという高所にあるために肌寒く、夜が更けていくにつれ、霧がどんどんと濃くなっていく。哀愁漂う調べと闇夜の白い霧。会場は刻一刻と神秘的な雰囲気に包まれていった。

長老との出会い

祭りの様子を眺めていると、一人の長老を紹介された。一九二八（昭和三）年生

サイシャット語でご挨拶

サイシャット語の使用人口は五千人程度で、消滅が危惧される言語となっている。北と南に分かれ、北をサイ・キパラ、南をサイ・ナンソンという。言語も北方言（新竹県五峰郷一帯）と南方言（苗栗県南庄郷一帯）に分かれるが、大きな差はない。発音形態は非常に複雑だが、ぜひ現地の言葉で挨拶してみよう。

また、キンサッ（警察）、トマト、マリ（球）、トキイ（時計）、ディンキ（電気）、ディンワ（電話）、ヒリョオ（肥料）、キョーカイ（教会）など、日本語が残っていたり、日本語が現地語化していたりすることもある。

ありがとう　ma' alo'　マアロー
さようなら　pil' awan　ピアワン
ご機嫌いかが？　so'o kayzaeh ?　ソーカイザ（ハ）
サイシャット族　saysiyat　サイシアッ
客家人　moto　モト
日本人　ripon リポン
中国語　alno-baboy　アルノ・バボイ※
サイシャット語　alno-saysiyat　アルノ・サイシアッ
※本来、バボイは豚を意味する。日本語で「チュウゴクゴ」と言うこともある。

カレ・ハウマオさん

まれのカレ・ハウマオさんだ。中国語名は「朱阿良《ツー・アーリャン》」という。このカレさんにサイシャット族について、お話を伺うことができた。

サイシャット族は他の部族に比べて、漢人文化の影響を早くから受けていた。そのため、日本統治時代に入る前から部族のほぼ全員が漢人姓をもっていたという。具体的には「豆《トウ》」や「風《フォン》」、「絲《スー》」、「日《ズー》」、「夏《シア》」など十あまりの姓がある。これらは動物や植物、自然現象などに因んでいる。カレさんの「朱」という姓は「数珠玉（草珠）」に由来し、この氏族はパスタアイを取り仕切る重要な役目を担っている。

カレさんによると、パスタアイが開かれている時は絶対に人とケンカをしてはいけないという。人の悪口を言ったり、意味もなく人を叱りつけたりすることもいけない。

もしこの掟を破ると、タアイの怒りを買ってしまい、踊りの途中で突然、意識を失う人が出たりする。

そんな時、周囲の人々はその人を助けることはしない。当人が自らその理由を悟り、反省すると、自然に意識が回復するからだ。カレさん自身も子供時代にこうした人を二回ほど見たことがあるという。近くにいた人が突然、体が反り返ってしまい、気絶したというのだ。子供心にとても怖く感じたそうだ。

長老の娘は美女だった

カレさんと話をしていると、エキゾチックな顔立ちの美女が現われた。彼女はカレさんの娘で、ファーウェンナ・カレさんと名乗った。サイシャット族の名前は後ろに父親の名前が付く。普段は台北に暮らしているが、パスタアイの際には必ず故郷に戻ってくる。旅行会社に勤める傍ら、原住民族の文化を紹介するラジオに出演し、サイシャット族の文化をより多くの人々に知ってもらおうと、日々努めている。

明るくて気さくな人柄のファーウェンナさんは、長老として忙しい父親に代わり、私たちの相手をしてくれた。

彼女はパスタアイの伝説について面白いエピソードを聞かせてくれた。タアイと先祖が仲違いをしてしまった原因は諸説あるのだが、彼女が伝え聞いた話は以下のようなものだという。

タアイはとても陽気で、明るい性格だった。ある日、タアイは友好の意を示すため、人々の肩を叩こうとした。しかし、彼らは背が低い

ファーウェンナ・カレさん

ので、肩を叩くつもりが、女性のお尻を撫でてしまったというのだ。もし、この説が本当だとしたら、なんとも不名誉な話で、タアイが気の毒に思えてくる。

結局のところ、彼らの「誤解」は解けたのだろうか。そのことについては不明だという。

時代とともに変わっていくパスタアイ

ここ数年、向天湖のパスタアイは観光客が増え、変質を強いられているようだ。部族の人たち、特に長老たちはそういった状況をどう思っているのだろうか。カレさんに尋ねたことがあった。

カレさんはしばらく考えた後に、こう語った。「確かに昔とは状況が変わっていますが、それは仕方のないことだと思います。観光客が増えても、それ自体は問題ありません。パスタアイのルールを守って続けていけばいいのだと思います」。

むしろ、カレさんが危惧していたのは、パスタアイの伝統が途絶えてしまうことだ。サイシャット族にはさまざまな禁忌があり、パスタアイの歌は普段は唄うことができない。[★03] 以前はパスタアイの時期が来たら、若者たちは長老たちと一緒に毎晩、歌を練習していた。しかし、こういったしきたりには変化が出てきてい

★03
ファーウェンナ・カレさんによれば、パスタアイの歌は全部で十七曲あり、これは祭りの主宰者一人しか歌詞の意味を完全に理解することはできないという。また、祭りが終わると同時に、頭の中からリズムや歌詞が消え、きれいさっぱり忘れてしまうという。パスタアイにまつわる風俗や習慣には科学的に証明できない摩訶不思議な事が多い。

踊りながら夜明けを迎える

パスタアイは霧に包まれることが多い

祭事は夜を徹して行なわれる

るという。世代間の断絶はどこの社会でも見られるが、台湾の原住民族においては特に深刻な印象だ。若者たちは職を求めて都会に出ていくので、伝統文化を学びたいと思っても、集落に戻るのは週末しかできない。言うまでもなく、パスタアイの歌が継承されなければ、タアイの霊は慰められない。

カレさんは「パスタアイの伝統は親から子へ、そして孫たちへと受け継がなければなりません」と、やや強い口調で語った。こういった祭事を続けることは、サイシャット族にとって不可欠なのだと繰り返し語っていた。

サイシャット族は漢人文化と深い関わりを持ちながらも、アイデンティティを失わ

アクセス情報

南庄へは台鉄（在来線）竹南駅で下車し、東口から台湾好行バス「南庄線」に乗車。所要約45分。向天湖へは南庄ビジターセンターから苗栗客運バスか台湾好行バスの向天湖線に乗車。所要約30分。なお、パスタアイの期間中は交通規制が行なわれ、一般車やタクシーは入れない。南庄からシャトルバスが運行される。

なかった誇り高き部族である。しかし、時代に伴う変化は、やはり部族の伝統文化を大きく変えているようだ。

カレさんの思いはこれからどのような形になっていくのだろうか。私は答えが出せないまま、南庄行きのバスに乗り込んだ。

〔後記〕

カレさんは二〇一五年に天国に旅立った。二〇一六年のパスタアイは十年に一度の大祭に当たり、かつ連休にも重なっていたため、例年よりも大勢の観光客で溢れかえっていた。南庄から会場へ向かうシャトルバスも長蛇の列ができ、出店も一気に増えていた。以前にも増して観光イベント化が進んだ感が否めなかったが、祭典のしきたりやルールはしっかりと守られていた。その様子を見て、私は少し安心した。サイシャット族とタアイとのちょっぴり切ない友情物語。そして、これをきっかけに培われたサイシャット族の心持ち。そんなことを思いながら晴れ上がった青空を見やると、はにかんだカレ・ハウマオさんの笑顔が見えたような気がした。

台湾原住民族は16部族

タイヤル族　泰雅族
台湾北部と中部の山岳地帯に暮らす。武勇を尊ぶ気質。自称はアタヤル（タヤル）。

アミ族　阿美族
台湾東部の沿岸部に暮らす。原住民族で最大の人口。歌謡と舞踊に秀でている。

セデック族　賽徳克族
南投県の山岳部に暮らす。長らくタイヤル族の一支族に分類されていた。

ツォウ族／鄒族
阿里山付近に暮らす。タッパンとトフヤが二大集落で、戦祭り「マヤスヴィ」で知られる。

プユマ族　卑南族
台東県の平野部に暮らす。厳しいスパルタ教育で知られる。年越しの祭典で知られる。

タオ族　達悟族
蘭嶼に暮らす。かつての呼称はヤミ族。台湾唯一の海洋民族。トビウオとイモを食す。

タロコ族　太魯閣族
太魯閣峡谷付近に暮らしたが、現在は花蓮県内山麓部に移住。自称は「トゥルク」。

パイワン族　排湾族
台東県と屏東県に暮らす。刺繍や木彫り、ガラス細工のトンボ玉などで知られている。

サイシャット族　賽夏族
新竹県と苗栗県に暮らす。二年に一度、小人の精霊を祀る祭事「パス・タアイ」を開催。

クヴァラン族　噶瑪蘭族
花蓮県の沿岸部に暮らす。かつてはアミ族の一部族とされていた。カマラン族とも。

ブヌン族　布農族
中南部の山岳地帯に暮らす。パシブブと呼ばれる八部合唱で知られている。

ルカイ族　魯凱族
パイワン族と同様、階級社会を形成。スレート造りの伝統家屋で知られる。

サオ族　邵族
日月潭周辺に暮らす。実質的な人口は約300人。杵を用いた伝統儀式で知られる。

サキザヤ（サキラヤ）族　撒奇莱雅族
長年、アミ族に分類されていた。近年は伝統的な祭典「火神祭」を復活させている。

カナカナブ族　卡那卡那富族
高雄市の山間部に暮らす。人口約300人。以前は南部ツォウ族と分類されていた。

サアロア（ラアルワ）族　拉阿魯哇族
高雄市の山間部に暮らす。聖なる存在の貝を祀る祭典「ミヤトゥグス」で知られる。

台湾原住民族分布図

台湾の原住民族は日本統治時代、高砂族と呼ばれていた。台湾政府が認定しているのは16の部族だが、認定されていない部族も多数いる。それぞれが固有の言語と文化を持ち、伝統的な祭典も催されている。近年は部族文化の再興が図られている。

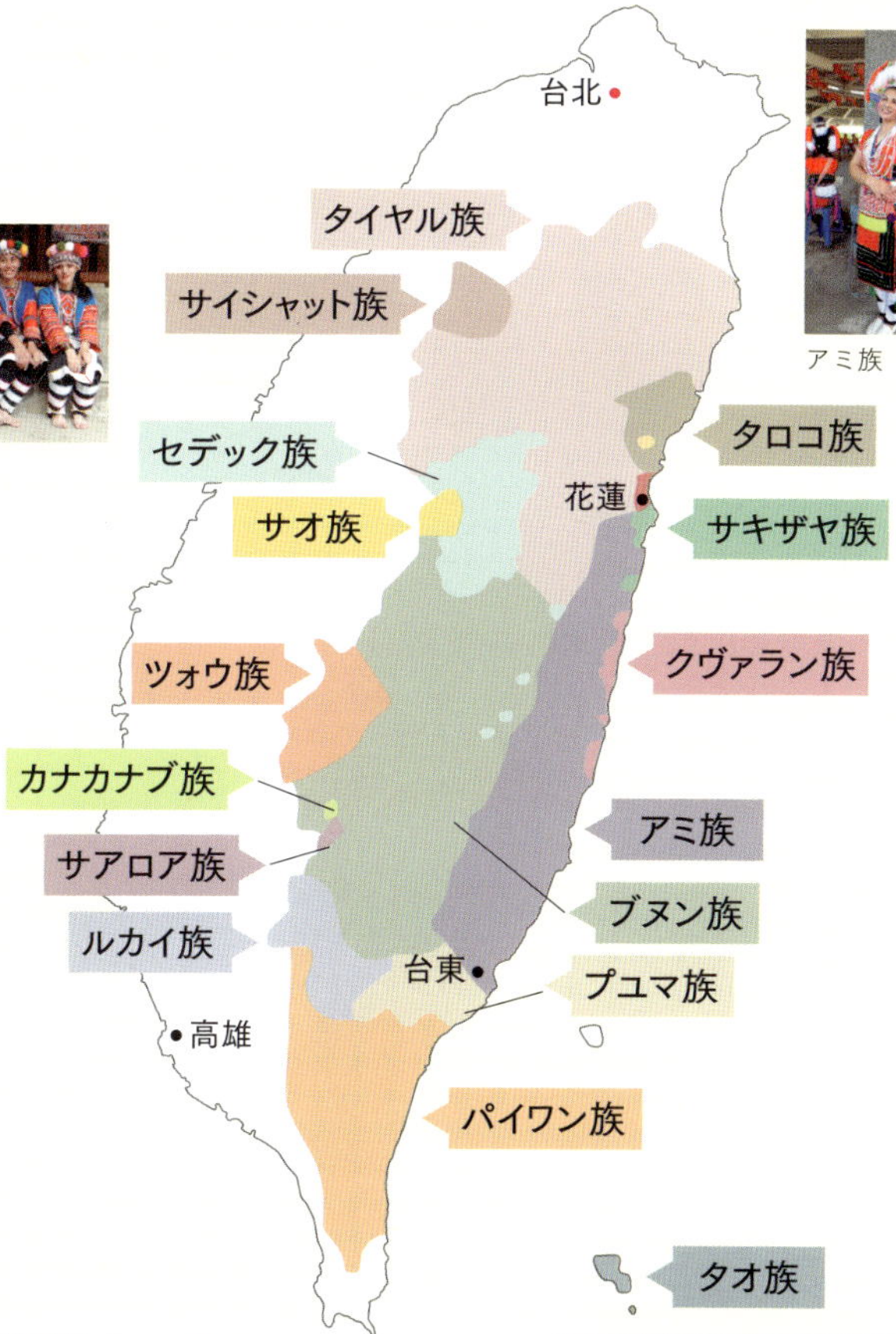

ツォウ族

アミ族

パイワン族

プユマ族

13

台湾の最果ての地を訪ねる

馬祖《マーツー》

「最後の秘境」を訪ねる

「台湾で最も知られざる秘境」はどこだろうか。旧知の旅行作家に尋ねてみたことがある。すると、彼はしばし黙考し、「秘境かどうかは分からないけれど、あまり知られていない場所と言えば馬祖《マーツー》ではないかな」と口にした。確かに私の周囲でも、この島を観光で訪れたことがあるという人は少なく、台湾で刊行されているガイドブックですら、あまり見かけない。

馬祖の守護神でもある媽祖巨神像

台湾の人々が馬祖に対して抱く印象の多くは、「戦地の島」というものだ。中国大陸からわずか九キロの対岸に位置するため、戦後は長らく戦時体制下に置かれていた。観光客が自由に往来できるようになったのは二十年ほど前から。ちょうどその頃に訪れたことがある夫の片倉佳史は、当時は灯火管制があったり、立ち入り禁止区域が多かったりして、何かと不便だったが、強烈な印象を受けたと語っていた。

その後、同じく戦地の島として知られている金門島と同様、馬祖を取り巻く環境は大きく変わった。自由に渡航ができるようになり、行政による観光開発も進められるようになった。馬祖の場合、一九九九年に国家風景区（日本の国定公園に相当）に指定されている。[★01]

馬祖は台湾とは異なった文化を持つ地域である。それを最も端的に感じられるのは言語だろう。住民の多くは閩東《ミントン》語と呼ばれる言語を母語とする。これは台湾本島で話されている台湾語（ホーロー語）とは大きく異なり、コミュニケーションも難しいほどだという。もう一つは伝統建築の様式にある。花崗岩を多用する閩東建築は台湾では馬祖列島だけで見られるもので、今ではこういった家屋群が観光資源として注目されている。

創作空間へと生まれ変わった伝統家屋

　私が馬祖を初めて訪れたのは日本アジア航空（当時）の機内誌の取材だった。編集部に「馬祖の伝統集落を訪ねる」という企画書を出してみたところ、運良くGOサインが出た。取材時期は六月の下旬。春先の馬祖は霧が多く、飛行機の遅延や欠航が続くので、少しずらしてこの時期を選んでみた。

南竿島の牛角村。廟のスタイルも独特だ

　立榮《リーロン》航空のプロペラ機が台北松山空港を飛び立ってから約一時間。眼下にごつごつとした島影が見えてきた。南竿島は馬祖列島の中で最大の島だが、その空港は思ったよりもかなり小さかった。外へ出ると、容赦ない日差しが照りつけ、潮の香りが全身を包み込んできた。

　最初に訪れたのは牛角村《ニョウチアオ》という集落だった。ここには馬祖独特の伝統家屋が残っている。これらは台湾本島で見られるものとは趣が異なる。

★01　馬祖列島は福建省に属し、36の島々から形成される。主な島は五つで、行政の中心である「南竿（ナンカン）」、伝統集落が残る「北竿（ペイカン）」、中華民国政府が実効統治する島で最北端に位置し、巨大な軍事坑道がある「東引（トンイン）」、そして、倭寇に関する遺構が残る「東莒（トンチュィ）」、朝鮮戦争時にアメリカCIAに属する機関が駐屯した「西莒（シーチュィ）」がある。

静かな海に面した北竿島の芹壁村

石造りの家屋は屋根にも注目（東莒島福正村）

魚の形をしたユニークな排水口

最も明確なのはその色合いで、日干し煉瓦を用いる閩南式家屋に対し、こちらは切り出された花崗岩《かこうがん》を用いる。そのため、建物全体が白っぽい色合いになる。

また、長屋のような造りは少なく、単独家屋が大半を占めている。建物を上から見ると、正方形をしており、これが印鑑に似ていることから「一顆印《イークーイン》式建築（ハンコ型建築）」とも呼ばれている。

個性的な家屋群を嬉々として撮影していると、親しげな笑みを浮かべる中年男性に声を掛けられた。白髪混じりの長髪でいかにも芸術家といった風貌の紳士。聞くと、この集落で生まれ育ったという画家の曹楷智《ツァオ・カイツー》さんだった。曹さんは十年ほどスペインに留学していた経験があり、現在はここで馬祖の風景を描いて暮らしているという。

その昔、牛角村は活気に満ちた漁村だった。村の生活が一変したのは、一九四九年に対岸の中国から国民党軍がやってきてから。全域が軍事管制区となったため、日常物資の供給は制限され、灯火管制も敷かれた。時には戦況の激化に伴い、子供までもが軍事訓練に駆り出されることもあったという。

さらに、漁業のほうも乱獲や生態系の変化によって衰退。住民は村を去り、空き屋が目立つようになった。「貧しかった時代、クレヨンや色鉛筆なんて、考える

馬祖語の世界

馬祖で話されている言葉は閩東語（福州語）に属する。観光地などで見かける「卡蹓《かりゅー》」というのは「遊ぶ」という意味の単語。現地では「馬祖話」と呼ばれる。島によって住民の出身地が異なるため、若干ながら、馬祖語の中にも差異がある。

馬祖人	まゆねー	馬祖語	まゆーわー
こんにちは（你好）	にいほー	美味しい	やほれっ
ありがとう（謝謝）	しゃりゃあ		
さよなら（再見）	ざいきえん		

こともできない高嶺の花でした。戦地ということで、スケッチ自体も禁止されていました。今の子供たちが羨ましいですよ」という言葉が重く響く。

そんな牛角村だが、ここ数年は大きな変化が見られるようになった。馬祖列島を管轄する連江《リエンチアン》県政府（県庁）主導で老家屋や道路が修復され、往時の景観が蘇っているのだ。そして、画家や芸術家たちがこういった風情を好んで移り住むようになり、行楽客の数も増えているという。

一度は廃虚となっていた伝統集落だが、今、静かに息を吹き返しつつある。

馬祖料理の世界を体験

その日の夕食は牛角村にある伝統家屋を利用したレストラン「依嬤的店《イーマータティエン》」を訪れた。「依嬤」とは閩東語で「おばあさん」を意味する。ここは味だけでなく、雰囲気も良く、繁忙期には予約をしなければならないほどの人気だ。

ここで味わえるのは馬祖の昔ながらの郷土料理。代表的なのは黄魚を馬祖特産の老酒で煮込んだ「老酒 黄魚《ラオチョウホワンユィ》」、紅糟《ホンザオ》（赤い酒粕）で炒めた鶏肉料理「紅糟鶏」、ムール貝に似た「淡菜《タンツァイ》」という貝を蒸したものなど。いずれも台湾本島では見ることができないものばかりである。

01馬祖料理は郷土色豊か
02ムール貝に似た「淡菜」
03地瓜餃入りのかき氷
04卵焼きを挟んだ「継光餅」
05地瓜餃は必食のデザート

そして、デザートにはサツマイモ粉で作った皮にピーナッツ餡を入れた「地瓜《ティークワ》餃《チアオ》」が出された。もちっとした生地の中からアツアツの餡が溢れ出てくる。

馬祖でしか味わえないものと言えば「継光餅《チークワンピン》」もある。これは発酵させた小麦粉を高温の釜で焼き、中央に丸い穴を空けたもの。そのまま食べてもいいが、レストランなどではカキや玉子、葱などを炒めたものを挟み、現代風にアレンジしている。

介壽村《チエソウ》には継光餅を専門に製造する「寶利軒《パオリーシュエン》」がある。店主によれば、継光

独特な馬祖の食文化

馬祖料理で欠かせないものと言えば、天然調味料の「紅糟」だ。これは老酒を作る際に大量に発生する赤い酒粕のこと。鶏肉炒め以外に、海鰻（ハモ）の揚げものやチャーハン、麺線（そうめん）などに用いる。見た目が赤いのでちょっと驚くが、甘めの風味が独特な味わいを作り出している。

ちなみに、馬祖では老酒の自家醸造が許可されており、もち米と紅麹を使用した自家製酒が各家庭で醸造されている。これは甘酒に似た風味で、ストレートで飲んだり、魚を煮たり、そうめんに入れたりもする。飲むと血液循環が良くなると言われ、女性が産後に飲む習慣があるという。

デザートの「地瓜餃（黄金餃）」は揚げたもの以外に、茹でて甘いスープの中に入れたり、かき氷のトッピングに用いたりすることもある。

さらに馬祖では魚肉を生地に練り込んだ「魚麺《ユィミエン》」も名物だ。これは漁業が盛んだった頃に魚を保存するために生み出された。天日干ししているので生臭くはなく、弾力性がある。北竿島の空港に近い「阿婆《アーポー》魚麺」では、おばあさんが手作りする様子が見られる。

老酒（コウリャン酒）の甕

餅は明の時代に軍糧として発明されたものだという。中央の穴はひもをつけて携帯性を高める工夫だったとか。店主は「西洋のベーグルの元祖はこの継光餅かもしれないよ」と言って大きく笑っていた。その真相は謎だが、もし台北にこの店があったら通い詰めてしまうのは間違いないだろう。

先人の知恵が活かされた建物

介壽村を散策した後、福澳《フーアオ》港から北竿島へと向かう。地元の人々を乗せたフェリーは二十分ほどで北竿島に着き、接岸と同時に人々はそれぞれ散っていく。私は馬祖で最も伝統家屋が密集しているという芹壁《チンピー》村を目指すことにした。

芹壁村は南竿島の牛角村や津沙村と同様、かつては漁業で栄えた集落。漁業が衰退した後は、家屋の多くが放置されることになった。特にここは家屋の原形を留めていることが多い。

現在はこういった家屋を再整備した民宿やカフェが行楽客を惹きつけている。芹壁村に限らず、馬祖にはそれなりの数の民宿があるのだが、事前にウェブサイトなどでチェックし、予約をいれておけば、港や空港まで送迎してくれるところもある。また、免許があれば、バイクのレンタルサービスもある。ただし、日本語

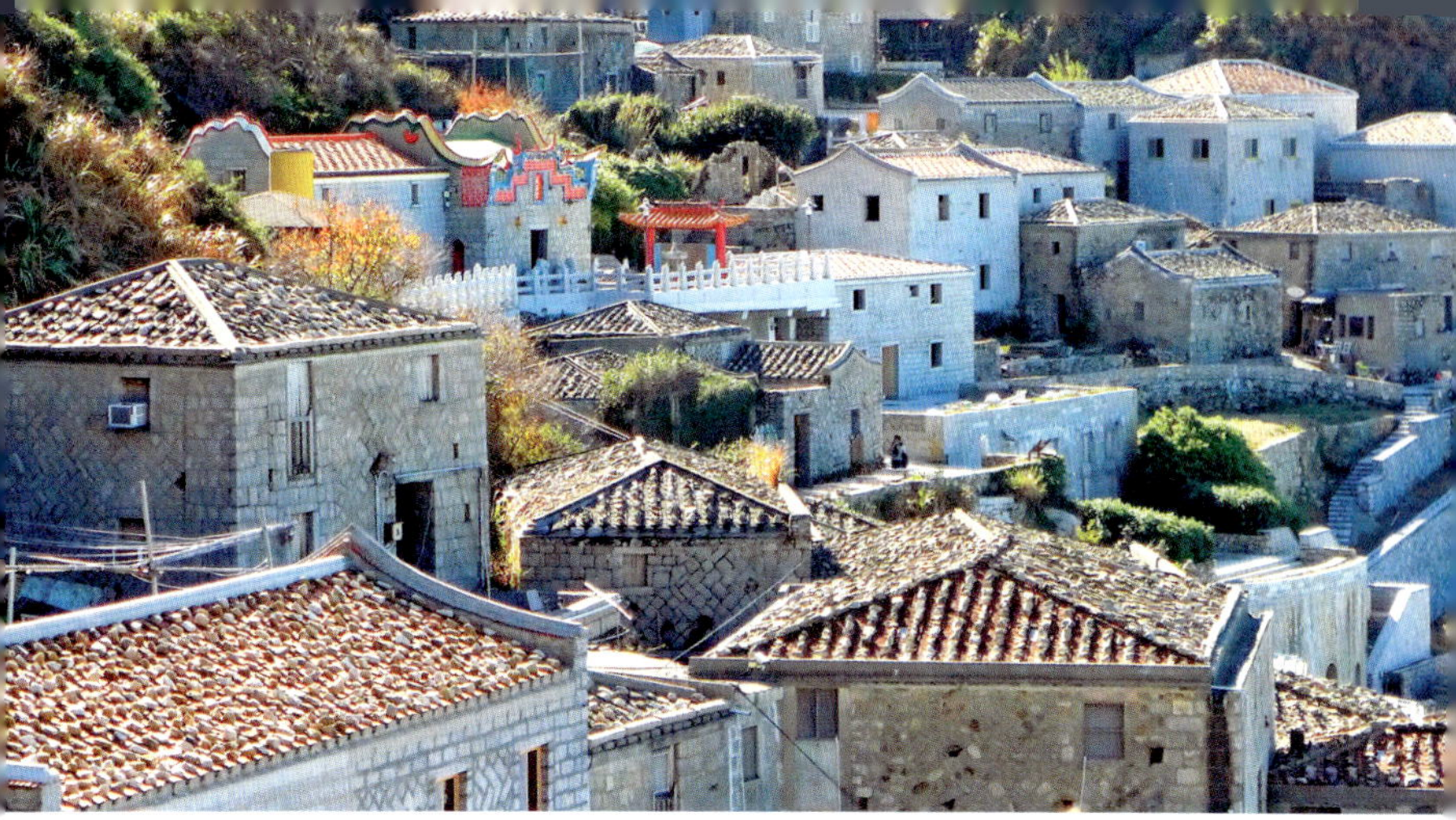

芹壁村の伝統家屋。密度が高く、保存状態も良好だ

はまず通じないので、英語か筆談でコミュニケーションすることになる。

私は「芹壁地中海民宿」に部屋を確保した。宿の主人に伝統建築に興味があることを伝えてみたところ、一人の女性を紹介してくれた。王《ワン》好蓮《ハオリエン》さんは明るく朗らかな女性で、芹壁村の歴史と馬祖の文化に詳しい方だった。挨拶もそこそこに集落内を案内してもらうことになった。

王さんは「まずは屋根に注目してください」と屋根に置かれたいくつかの石を指さした。確かに、大小さまざまな石が置かれている。馬祖では屋根瓦をあえて固定せず、石によって押さえつけるという手法を採るのだという。

また、どの家屋も窓が小さく、高い位置に設けられている。これは冬場に吹きつける北風を避け、同時に、海賊などの侵入者を防ぐ目的があった。こういった先人たちの小さな知恵が家屋の細部にまで行きわたっている。

さらに、屋根の形や石の積み方を見れば、その家の富裕度が判断できるともいう。具体的には「一脊二坡《イーチーアーポー》」と呼ばれる一本梁と二斜面の

天后宮文物室にあるカエルの置物

屋根は、ごく一般的な家庭。「五脊四坡《ウーチースーポー》」という五本梁と四斜面の屋根は裕福な家庭なのだそうだ。

ちなみに、石壁が「人」の字のような形で組まれているのは「人丁興旺《レンティンシンワン》（子々孫々栄える）」という意味が込められている。これは比較的裕福な家にだけ見られるものだという。

村を守る個性的な神様

芹壁村を訪れたら、集落の守護神にもご挨拶をしておきたい。やや高台にある「天后宮《てんこうぐう》」は一八七三年に建てられた古刹で、媽祖《マーツー》を祀っている。

訪れてみると、敷地を囲む欄干に可愛らしいカエルの像が並んでいる。この廟は航海の女神である媽祖を祀るが[★02]、それ以外に「鐵甲元帥《ティエチアユエンスワイ》」と呼ばれるカエルの神様が祀られている。

「どうしてカエルなのか？」という素朴な疑問を禁じ得ないが、これはかつて、媽祖がこの村を守るためにカエルを特別に派遣したという言い伝えがあり、人々はそれに従ってカエルを祀っているのだ。脇には小さな文物室があり、世界各地から集められたカエルの人形やグッズが並べられている。日本に縁のあるお馴染

★02 馬祖には媽祖の遺体が流れ着いたという言い伝えがあり、島名はこれに由来する。古代中国では地名に女へんを付ける習慣がなく、「馬祖」となった。

芹壁村の家屋は民宿となっているところも多い

北竿にある坂里天后宮。炎のような形をした屋根が特色

南竿島のコウリャン（高粱）酒工場

みのキャラクターもしっかりと置かれているので、北竿島訪問の際にはぜひ足を運んでみたい。

カエルの神様に道中の加護を祈った後、さらに高台に上がってみた。周囲はすっかり薄暗くなり、灯りが点り始めていた。うっすらと夕陽に照らされて、芹壁の家並みは風景の中で浮かび上がっているかのように見えた。群青色の海とのコントラストが素晴らしく、しばし時が経つのを忘れてしまった。

宿に戻ってシャワーを浴びていると、ぴょんと飛び跳ねる「茶色い物体」が視界に入ってきた。恐る恐る見てみると、それは小さなカエルだった。体長五センチほどのカエル君だったが、これもやはり、村の守護神なのだろう。どことなく精悍な顔付きである。その表情に思わず笑みがこぼれた。

夕食は屋外にテーブルを出して、魚肉をすりまぶした「魚麺」と、馬祖名物の高粱《コウリャン》酒を味わう。潮騒を耳

夏場にはアジサシが飛来し、生態観察ツアーも実施される

にしながらのディナーは最高の贅沢だった。目の前には〝地中海のような〟と形容される絶景が広がる。そして、馬祖ならではと言っても良さそうな独特な空気感。芹壁村の夜は静かに更けていった。

行楽地として親しまれる離島

すっかり馬祖に魅せられてしまった私は、その後、何度かこの島々を訪れた。台北からは飛行機を利用するのが一般的だが、基隆《きいるん》からは船が出ていて、十時間近くかけて、訪れることもできる。また、馬祖と言えば、メインは間違いなく南竿島と北竿島だが、それ以外にも中華民国政府が実効統治する最北端の東引島・西引島や、より秘島ムードが濃厚な東莒島や西莒島、また、アジサシが多数飛来する無人島などもあり、多彩な魅力に満ちている。

ここ数年は伝統家屋をリノベーションした民宿やレストランがさらに増え、前出の王好蓮さんも芹壁村で「芹壁食屋」という郷土料理レストランを開いている。また、南竿島の津沙《チンサー》村と仁愛《レンアイ》村には「青年民宿」という伝統家屋を用いたゲストハウスもある。ここは旅行社に勤めていた「福哥《フーガー》」という名で親しまれる男性が

北海坑道は馬祖を代表する戦地遺跡

営している。宿代が安いだけでなく、レンタバイクもある。

このほか、最近は夏場に「藍眼涙《ランイエンレイ》（青い涙）」★03という海面が青白く光る奇観が話題を集めている。これは赤潮の影響によるもので、その日の波や気象状況によって発生する。見られるかどうかはまさに運次第だが、これを見るために馬祖を訪れても後悔はないというのが個人的な印象だ。

馬祖は日本人や外国人旅行者にはもちろんのこと、台湾の人々にとっても知られざる島々である。今後、より多くの方とこの島の魅力を共有できたらと、日々願っている。

★03 馬祖では「藍眼涙」のほか、「星沙《シンサー》」という奇観も見られる。どちらも夜光虫によるものだが、種類が異なる。星沙の原因となる夜光虫は普段は透明だが、砂浜に打ち上げられた際や人に踏まれた際に刺激を受けて青白く発光する。なお、藍眼涙は4月～6月まで、星沙は11月頃まで観察できる。

アクセス情報　馬祖への交通

台北松山空港から立榮航空で所要約50分。北竿と南竿の両方に空港がある。また、基隆港から「台馬《タイマー》輪《ルン》」という大型客船が就航。所要約8時間。夜に基隆を出港し、翌朝、南竿と東引に到着。3月～6月は霧が多く、飛行機の遅延や欠航が続くので、できればこの時期は避けたい。

馬祖列島の島々

北竿と南竿の間は船で約20分。東莒と西莒へは南竿の福澳港から船が出る。南竿島と北竿島には路線バスがあるが、それ以外の島には公共交通機関はない。また、民宿やゲストハウスではレンタバイクを借りることができる。

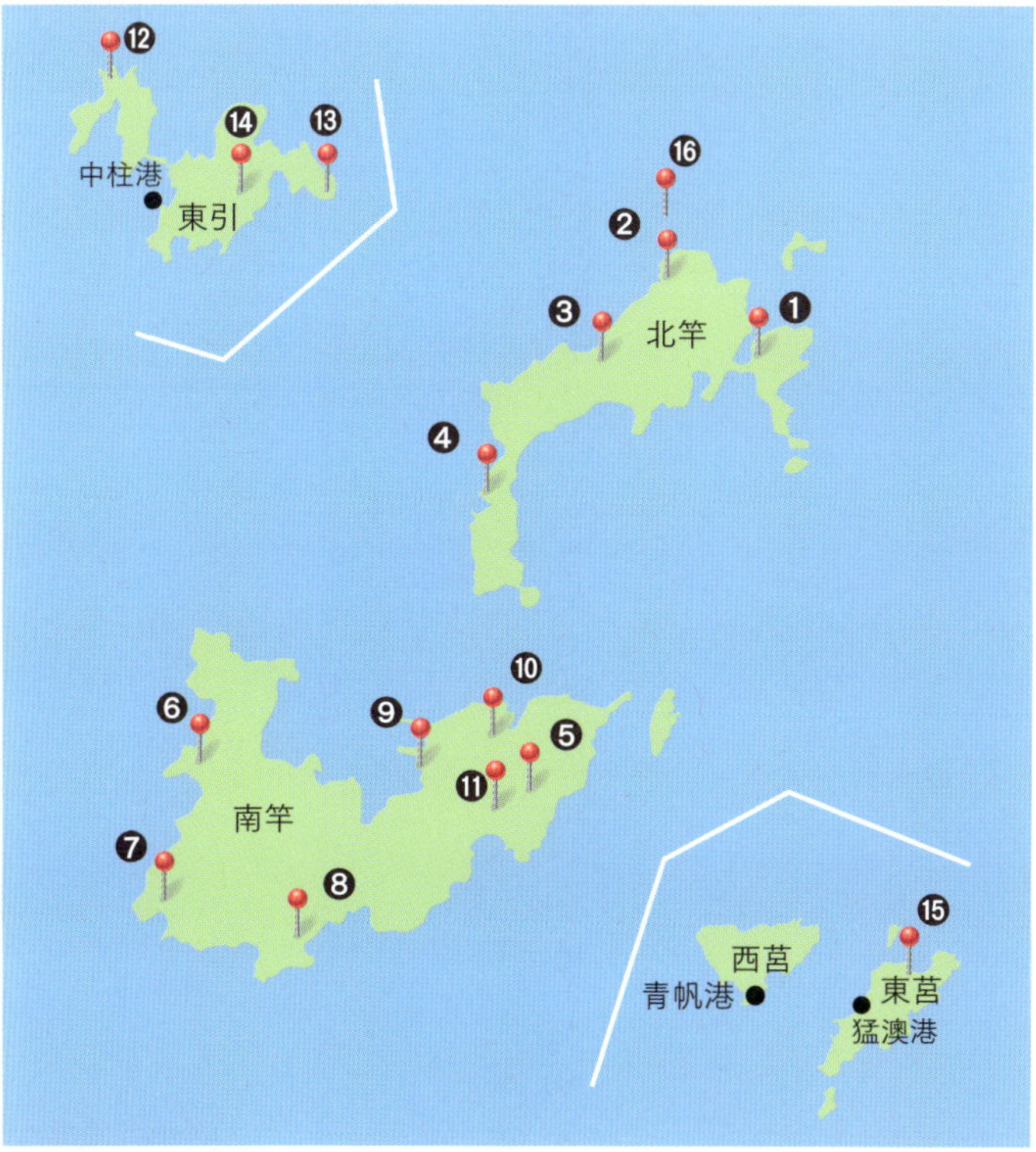

❶ 北竿空港
❷ 橋仔村（伝統集落）
❸ 芹壁村（伝統集落）
❹ 北竿白沙港
❺ 南竿空港
❻ 媽祖巨神像
❼ 津沙村（伝統集落）
❽ 北海坑道（地下基地）
❾ 南竿福澳港
❿ 牛角村（伝統集落）
⓫ 介壽村（連江県庁）
⓬ 国之北疆（最北端）
⓭ 東湧灯台（古跡灯台）
⓮ 安東坑道（地下基地）
⓯ 福正村（伝統家屋）
⓰ アジサシ飛来地

第5章

最後に

14

台北《タイペイ》

新たな潮流を生み出す人々

潮流になった「台湾スタイル」

私が台北暮らしに縁を得たのは一九九九年のことだった。その頃の台北は漲る活気と飾らない雰囲気が入り混じった魅力的な都市だった。しかし、しゃれたセレクトショップや雑貨店などはなく、お土産になりそうなモノを見つけるのは難しかったという記憶がある。

私と夫はこれまでに何冊かのガイドブックや書籍を手掛けてきたが、そこに紹

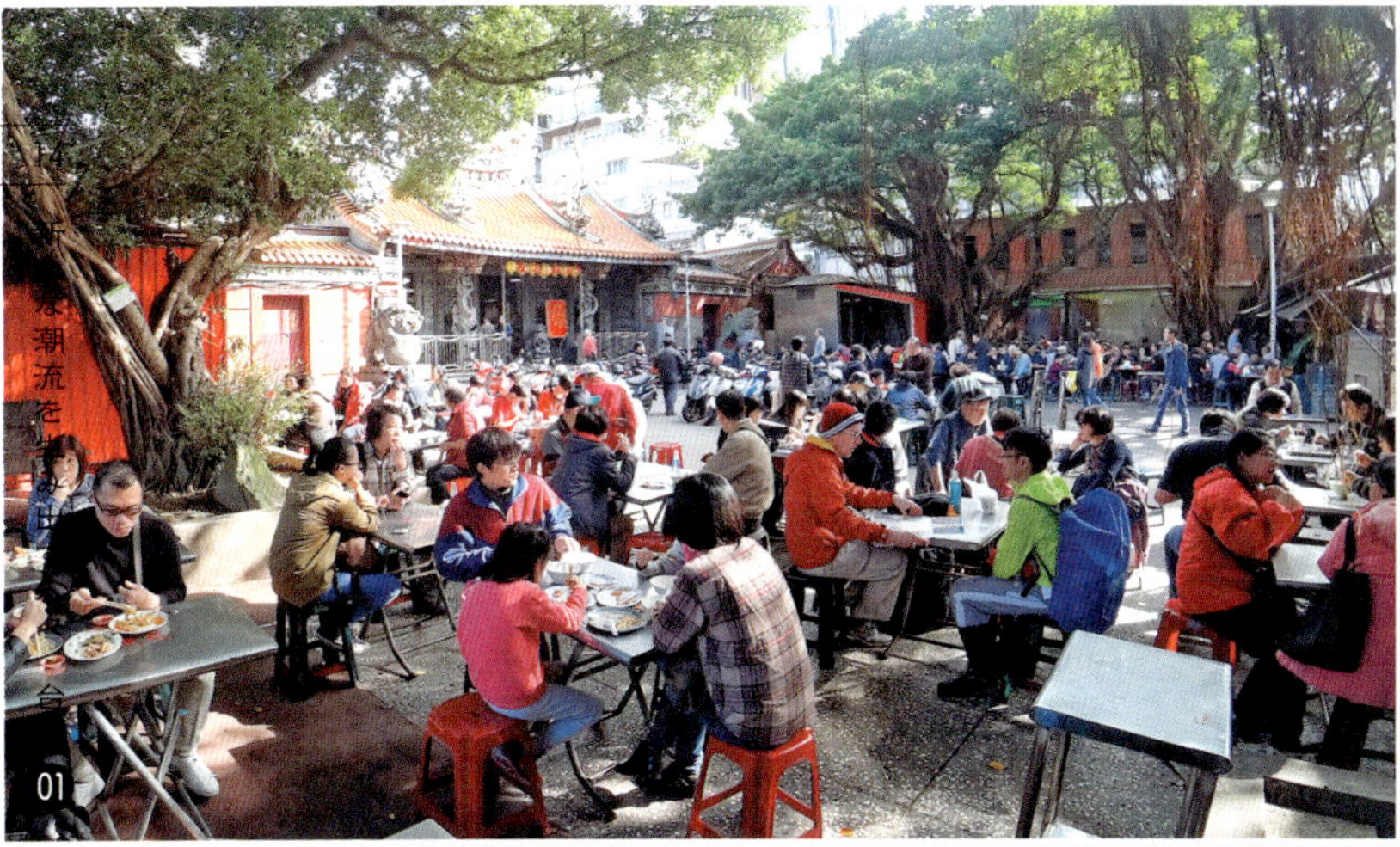

❶大稲埕の慈聖宮前。ガジュマルの木陰で食事
❷迪化街の乾物街。ドライフルーツは種類豊富
❸食材が豊富な台湾は料理もバラエティに富む
❹日本統治時代に建てられた台湾総督府（現・総統府）

介するお土産もチャイナシューズやチャイナドレスなど、台湾の土着文化というよりは、いわゆる中華文化に根付いたモノが多く、とても残念に思っていた。

ところが、二〇一〇年代に入った頃から、状況は一変したように思う。洗練された「メイド・イン・台湾」をあちらこちらで目にするようになったのだ。今ではファッションから小物、雑貨、コスメ、食品関連まで、多岐にわたるジャンルにおいて、さまざまな台湾ブランドが誕生している。私自身、雑誌の台湾特集や書籍の企画・コーディネートに携わることが少なくないが、情報を追いかけるのが大変なくらいの充実ぶりだ。

しかも、こうしたブランドを立ち上げているのが、二十代から四十代といった世代であることも特筆しておきたい。彼らは今、自分たちが生まれ育った土地を見つめ直し、世界に向けてその魅力を発信し始めている。その背景には何があるのだろうか。

台湾の豊かな大地が育む食材

ここ数年、台北のカフェやレストランでよく目にする言葉の一つに「小農《シアオノン》」がある。これは生産規模は小さいが、自然農法や有機栽培にこだわり、ヘルシーで

オーナーの顧瑋さん

金山南路に面した「土生土長」

こだわりのドライ・パイナップル

安全な食品を生み出す優良生産者たちのことだ。

食の安全が度々問題となる台湾では、こうした「小農」の産物を積極的に扱うセレクトショップが増えている。たとえば、MRT圓山駅近くにある「神農市場《センノンスーツァン》」や、戦前の木造倉庫を用いた「楽埔滙農《ラープーホェイノン》」などは食通の間でもよく知られた存在だ。

こうした店では生鮮食品だけではなく、ジャムやハチミツ、麺や茶葉、お菓子、さらには伝統的な製法にこだわった調味料や地場産品なども幅広く扱っている。商品の多くは洗練されたパッケージで、お土産にも向きそうなものが多い。これは近年、農家や業者で世代交代が進み、若手が経営を担うようになり、新しいアイデアが採り入れられるようになったからだ。

ただ、扱っている食品は必ずしも有機栽培とは限らない。これは、台湾では有機栽培の認証を受ける際、膨大なコストと手間を要するため、小規模な農家にとっ

神農市場は優良食材の宝庫だ

てはハードルが高いためである。そこで、こうした店では仕入れた商品を自分たちの手で残留農薬検査を行ない、自らのブランド力を付加した上で、市場に送り出していく。

そんな中、小規模ながらも注目されているのが、「土生土長《トゥーセントゥーツァン》」というショップだ。ここは「この土地で生まれ育ったもの」という店名どおり、台湾各地の優れた農家や加工業者とタッグを組み、オリジナル商品を開発、販売している。

古民家風の小さな店内には食用オイルや醤油、茶葉、お菓子、ドライフルーツ、お米などが並ぶ。看板商品としては、雲林産ピーナッツから搾り取ったオイル「花《ホワ》生油《センヨウ》」のほか、花蓮産の赤米や紫糯米などを用いた「米果《ミークォ》（台湾風おこし）」、さらに台湾原住民族のスパイスである「馬告《マーカオ》」などがある。商品数は多くはないものの、他では見られない商品が揃っている。

オーナーの顧瑋《クー・ウェイ》さんは一九八一年生まれ。国立台湾大学大学院で分子医学を学んだ才女だ。卒業後は研究者の道には進まず、友人たちと一緒に手作りジャムの「在欉紅《ツァイツォンホン》」というブランドを立ち上げた。現在、これは台湾でも指折りの人気を誇るジャムとなっている。

その後も、台湾の良質な食材を広めることを目的に、次々とブランドを創設。農

楽埔滙農は戦前の倉庫を用いたリノベ空間

産物の特色や開発秘話などを紹介するウェブサイト「台湾好食」を運営するほか、二〇一七年には台湾産の米の美味しさを広めるため、「泔米《クワンミー》食堂」という小さな食堂もオープンさせた。ここでは二十四節気に合わせた季節の食材やオリジナルの調味料などを使用し、手の込んだ料理を提供している。

顧さんに「なぜ食の道を歩むことになったのか」と尋ねてみると、「食べることが好きだから」と明るい笑顔を見せる。しかし、その内側には並々ならぬ情熱を秘めており、言葉が途切れることはない。

商品開発は順風満帆に見えるが、農家とのやり取りには苦労が尽きないという。例えば、農家の中にはこちらが要求した基準に見合わない農産物を供給してきたり、農産物が売れ始めると値段をつり上げようとしたりするケースもあるという。それでも諦めず、対等な立場で助け合うことができる農家を探し出し、入念な話し合いを続けるのだという。

「自分たちはすでに世の中に広まっているモノではなく、まだ知られていないけれども素晴らしい食材を発掘していきたいと思っています。同時に台湾の土地がもつ豊かさを世界に伝えていきたいです」と語る。彼女がこれからどんな食品を生み出していくのか、興味深いところである。

リノベーションの聖地

近年、台湾では老家屋をリノベーションする動きが盛んだが、市の西側に位置する大稲埕《タータオツェン》地区にはそういった物件が集まる。ここは古くから淡水河の水運とともに発展してきたエリアだ。中でも、迪化街《ティーホワチェ》と呼ばれる通りにはバロック風の装飾を施した商館が数多く残り、往時の繁栄ぶりを伝えている。

この一帯は二〇〇〇年に台北市から「歴史風貌特定専用区」に指定され、建物の保存や改修が次々と進められてきた。もともとは漢方薬材や乾物などを扱う問屋街として知られてきたが、最近では老家屋を利用したショップやカフェが続々と誕生している。

その中の一つが「ASW Tea House」という喫茶店だ。ここはもともと、台湾初の西洋式薬局として知られた「屈臣氏大薬房《チュイツェンスーターヤオファン》」の建物があった場所。これはイギリス人が香港で経営していた薬局で、一九一七（大正六）年に彰化出身の薬材商・李俊啓《リー・ジュンチー》氏が台湾地域でのライセンスを取得し、開設した。残念ながら、建物は一九九六年に火災で焼失してしまい、長い間、廃墟となっていた。しかし、老

郷土愛がしっかりと詰まった「ASW Tea House」

建築を再生させようと修復され、化粧直しが施された。

ちなみに、この店の名は「屈臣氏大薬房」の英語名である「A.S.WATSON & Co.」から取ったもの。なお、現在、台湾や香港にあるドラッグチェーンの「屈臣氏（Watsons）」とはまったくの別物だ。

オーナーである蘇伊涵《スー・イーハン》さんは一九八三年生まれ。以前は平面デザインの仕事をしていたが、三十歳になったのを機に何か新しいことを始めようと思い立ち、二〇一五年に同僚と一緒にこの店を開いた（台湾で取材活動をしていると、三十歳を機に起業しようとする人たちに数多く出会う）。ダークグリーンの壁が自慢で、落ち着いた雰囲気のティールームはたちまち話題となった。

ここの特色は台湾産の紅茶をメインに扱っていること。南投《なんとう》県や花蓮《かれん》県、台東《たいとう》県などの小規模農家が自然農法によって栽培したものを用いているが、その種類の多さには驚く。台湾の紅茶栽培は日本統治時代に一度は発展したが、戦後は衰退してしまった。しかし、ここ数年は再び脚光を浴び、盛んに栽培され

問屋街も活気に包まれている

老家屋を用いた迪化街の茶葉店「臻味茶苑」

るようになっている。

大稲埕はかつて茶葉の貿易で隆盛を極め、紅茶が主力だった時期もある。蘇さんは台湾産紅茶を販売することを通して、大稲埕の歴史を休感してほしいと願っている。

「1920s」では散策マップや台湾らしいポストカードなども販売

若者たちの夢で蘇る古い町

「ASW」の階下には「1920s」という名前の書店がある。ここには一九二〇年代の台湾や、世界の歴史と文化を紹介した書籍が集められている。書籍以外にも、このエリアの建物の特色を記した町歩きマップや古地図をモチーフにした文房具などを販売している。

オーナーの周奕成《チョウ・イーツェン》さんによれば、一九二〇年代は大稲埕が最も栄えていた時期であるという。この年代は台湾に限らず、日本でも大正デモクラシーのさなか。世界的にも芸術、文学、思想が成熟した時代だった。また、当時は日本人居住者が多かった「城内《じょうない》」★01と呼ばれる地域に対し、この一帯は「城外《じょうがい》」と呼ばれ、台湾人が多く暮らしていた。商売人だけでなく、芸術家も数多く集まり、台湾文化の発信基地として知られていた。

周さんは書店の経営だけでなく、大稲埕の再開発における立役者でもある。迪化街一帯には「小藝埕《シアオイーツェン》」、「民藝埕《ミンイーツェン》」、「衆藝埕《ツォンイーツェン》」、「聯藝《リエンイー》埕《ツェン》」といった複合ショップがあり、それぞれの館内に特色ある茶芸館やカフェ、雑貨店などが入っている。ちなみに、「ＡＳＷ」や「１９２０ｓ」は小藝埕の中にある。

これらのショップは周さんが代表を務める「世代文化群」というグループが運営している。ここでは若いクリエイターや経営者を支援する事業が行なわれ、店舗を貸し出すだけでなく、起業経験のない若手に経営のイロハも教えている。

周さんはアメリカの大学院で国際関係学を学び、民主進歩党（民進党）で重要なポジションを務めていたという経歴の持ち主。四十代にさしかかった頃、次世代をサポートし、社会貢献をしたいと思うようになり、この事業を始めたという。

この土地を選んだのは、ここに根づく台湾の伝統文化に触れることで、若い世代に台湾人としてのアイデンティティを持ってほしいという願いからだ。

近年、台湾は経済が停滞気味で、若者たちの給与水準は低く、社会には閉塞感が漂う。そういった状況なので、才能があっても、発表の場が持てないというクリエイターは少なくない。そういった人たちにチャンスを与え、同時に、この大稲埕にかつてのような活気が蘇ってほしいと願う。

この事業は順調に進んでおり、グループ全体では二百人もの雇用を生み出している。また、テキスタイルブランドの「印花樂《インホワラー》★02」など、このグループから巣立ち、

★01
清国統治時代に城壁に囲まれていたエリア（日本統治時代初期に城壁は撤去された）。日本本土出身者が多く暮らしていた。台北駅の南側一帯を示す。

★02
美術学校の同級生である女性三人組が立ち上げたブランドで、台湾固有種の「ハッカチョウ」や昔の家の床タイルやガラス窓などをモチーフにした布地を製作。今は大稲埕に本店を構えるほか、台中や高雄、さらに二〇一七年には東京にも進出した。

鮮やかな色合いが自慢の「台湾花布」

大きく成長したブランドもある。今ではこのグループ以外にも新たな店が次々と誕生し、さらに昔ながらの店にも観光客が訪れ、以前にも増して活気が宿るようになった。

歴史ある家並みは、若者たちが夢を見て、それを実現させる場へと生まれ変わっているのである。

デザインが伝える台湾の魅力

新しい台湾文化を創造する試みは、雑貨の世界においても見られる。ここ数年、よく目にするのは、「台湾花布《ホワプー》」と呼ばれるレトロな花柄生地を用いたグッズ。これは鮮やかな牡丹や菊の花などをあしらった生地で、一九六〇年代から七〇年代に布団カバーやクッション、カーテンなどに用いられていた。輸入生地が増えるとともに姿を消していったが、現在は再び脚光を浴び、ポーチやカバン、携帯入れ、パソコンケースなどが作られている。いわば、「台湾版レトロモダン」と言える存在だ。

また、古いアパートの床やタイル、窓の鉄柵に見られる模様も、デザインのアイテムとして注目されている。「磨石子《モースーツ》」と呼ばれる砕いた石をセメントに入れて

老家屋の窓枠をデザインした栞

台湾の希少動物を描いた絵ハガキ
（MB more）

台湾花布を用いたポーチ
（彰藝坊）

台湾らしさを描くマスキングテープ

タイル柄を
モチーフに
したコース
ター

台湾人デザイナーが手掛けた雑貨が豊富に揃う「來好」

作られた人造大理石（テラゾー）の床、彩り豊かな花やフルーツなどが描かれたタイル。そして、本来は泥棒よけとして窓に取り付けられた鉄柵は、幾何学的な紋様に始まり、音符や花、蝶、鳥といったバラエティに富んだ図柄がある。中には富士山が描かれたものもあって、興味が尽きない。さらに、こういったものをモチーフにしたコースターや絵葉書、マスキングテープなども人気を博し、観光客がお土産に購入する姿をよく見かける。

さらに、「おばあちゃんの買い物袋」と呼ばれて親しまれるものもある。これはストライプ柄のナイロンバッグで、ちょっとしたリバイバルブームとなっている。赤、青、緑の横縞の柄が定番だが、最近では他の色を組み合わせた柄やチェック柄も出ている。バッグだけでなく、リュックやペットボトル入れなどにアレンジされた商品もある。

こうした台湾雑貨の充実ぶりで知られているのが永康街にある「來好《ライハオ》」だ。ここは台湾人デザイナーの作品にこだわった品揃えで、扱うブランド数は六十を超える。

オーナーの游智翔《ヨウ・ツーシアン》さんによれば、二〇〇〇年頃までは台湾独自のデザイングッズや雑貨といったものはほとんど存在していなかったという。それが変わったの

來好のオーナー、游智翔さん

は二〇一三年頃からで、台湾人デザイナーが手がけた個性的な商品が次々と出てくるようになった。游さんはこういったものを通して台湾らしさをより多くの人たちに感じてほしいと語る。爽やかな印象の好青年だが、語り口は熱い。

游さんによると、台湾には日本や韓国のブランドやカルチャーが好きという人たちがたくさんいるが、これまで自国の文化に対して自信を持つ人たちは少なかったという。台湾人は今、「台湾人らしさとは何か」、「台湾の文化とは何か」を見つめる段階にあり、真のアイデンティティを模索している。それには明確な答えが存在しないが、ここ台湾が自分の祖国であり、これについて誇りを持つことの大切さは揺るぎないものだと、尽きせぬ思いを語ってくれた。

游さんは今後もデザイナーたちと意見交換を繰り返し、より多くのオリジナルグッズを開発していきたいという夢を持っている。

アイデンティティの模索から生まれるもの

台湾の若者たちの間で話題を集める店を訪ねた。二〇一六年秋に国立台湾大学近くにオープンしたセレクトショップ。その名は「小日子《シアオリーツ》商號《サンハオ》」だ。二〇一七年秋には流行に敏感な若者が集まる華山《ホワサン》文創園区と赤峰街《ツーフォンチエ》にも出店を果たし、まさ

新しい台湾のライフスタイルを提案する『小日子』

に飛ぶ鳥を落とす勢いの店である。

この店の元になっているのは二〇一二年に創刊された『小日子』という雑誌である。その代表を務める劉冠吟《リョウ・クワンチン》さんに話を伺った。劉さんの前職はシャープの買収で話題となった鴻海《ホンハイ》精密工業のスポークスマン。二〇一四年に『小日子』が休刊するという話を聞き、この雑誌の愛読者だった劉さんは、自身がこれを引き継ぎ、発行することを決めたという。

この雑誌のコンセプトは、新しい台湾ならではのライフスタイルを提案すること。台湾各地の名もなき店や魅力的な人物のストーリー、そして生き方などを紹介し、日々の暮らしの中に隠れた台湾らしさや土地に根ざした感動を伝えようとしている。

こうした雑誌が生まれた背景には台湾社会の変遷が関係している。戦後生まれの人々はただひたすら働き、貯えを得ることだけを目標に生きてきた。しかし、昨今の台湾はさまざまな苦境に直面しており、明るい未来が見えにくいという現実がある。

そういった現状の下、若い世代たちは、たとえお金持ちになれなくても、日々を楽しく、充実した人生を歩もうという考えを持つようになった。この雑誌はそ

小日子のオーナー、劉冠吟さん▶

◀台湾をモチーフにした
ステッカーなどもある

台湾産のフルーツを用いた特製サイダー▶

◀雑誌の世界観を再現
したという店内

ういった若者たちを支え、応援することを目指している。現在の発行部数は約二万部。台湾の人口が約二三五五万であることを考えると、この数字は小さくない。しかも、マレーシアや中国の若者たちにも読者がいる。

セレクトショップをオープンした理由を尋ねると、台湾でも日本と同様、紙媒体離れが進んでいる。そんな中で「小日子」のブランド力を生かし、ショップを開くことで、それに連動する形で雑誌を盛り上げたいと思ったのだという。

白を基調とした明るい店内では、台湾人クリエイターたちの商品を販売している。デザイン性と実用性を兼ね備えた文房具や服飾品、インテリアグッズなどがあり、中には昔の窓ガラスを用いた置物や、古いカレンダーやフルーツの箱を再利用したノートなど、ユニークな商品もある。

台湾の魅力とは何か？

近年、台湾ではこうしたデザイン力が急速に高まっている。それはなぜなのか、劉さんに質問を投げかけてみた。

すると、「台湾はもともとIT立国で、教育においても理工系の分野が偏重されてきました。しかし、二〇〇七年頃からハイテク産業が徐々に衰退し、政府は自国のカルチャーシーンやデザインなど、ソフトパワーを重視するようになりました。これに伴い、大学にもデザイン学科が創設されるケースが増えました。現在、そこを卒業した人たちが社会に出て、活躍し始めているのです。彼らの創作意欲は盛んで、次々と個性的なブランドが生まれています」と語る。

さらに、次のような話を続けた。台湾には本省人《ほんしょうじん》、外省人《がいしょうじん》、客家人《はっかじん》、原住民族など、さまざまなルーツを持つ人たちが暮らしている。それぞれが自分のアイデンティティを模索する中で、クリエイターたちは共通概念としての「台湾」に注目するようになったというのだ。

では、彼らが表現する「台湾」の原点は何だろうか。それは台北101とか故宮博物院《クーコンポーウーユエン》といったものではなく、ごく日常の暮らしの中で目にしてきたもの。たとえば古い家の窓ガラスやタイルなど、言ってみれば、「おばあちゃんの家にごく普通にあったもの」なのだという。これによって若者たちは共通した記憶で結びつき、郷土への思いを呼び覚ます。上の世代は族群（エスニックグループ）にこだわってきたが、台湾に生まれ、台湾で育った世代は昔懐かしいものを見て、「一つの台湾」をイメージするのである。こうして静かに培われた「台湾精神」は、私たち外国人にも新鮮で、魅力的に映る。

台湾で取材活動をしていると、劉さんのように、新しい試みに向かい合っている人に数多く出会う。中にはカフェやショップをオープンしても上手くいかないケースも見かける。しかし、劉さんによれば、台湾の人々は失敗したことよりも、果敢に起業したことを評価し、讃えるのだという。そして、やりたいことをやるだけでなく、やりたいことはやりたいだけやるというのが彼らの信条なのである。

旺盛なチャレンジ精神、そして、失敗してもそれを乗り越え、未来形の思考で生きていく人々。台湾の地を訪れ、取材をしていく中、そういった人々と出会ったことで、私自身が得たものは少なくない。そして、こういった人々を育んできたこの土地の空気そのもの。これこそが台湾が誇る最大の魅力ではないかと思う。

本書を手にとってくださった皆さんは、この台湾を旅して、どのような印象を抱くだろうか。

台湾と日本がより深く結ばれることを祈って　片倉真理

本書に掲載した店のデータ

本文中で取り上げたスポットや店のデータは下記の通り。
データは 2018 年 4 月時点に基づく。

01 媽祖巡礼

●金長利

嘉義県新港郷新民路85号。8時～22時。奉天宮を背にして左側へ徒歩2分。

02 マンゴーの郷（台南市玉井）

●有間冰舗

台南市玉井区中正路152号と154号。9時～20時。冬場は水曜休。中正路と中華路の交差点。玉井バス停から徒歩5分。

03 凍頂烏龍茶（南投県鹿谷）

●挑茶驛站

南投県鹿谷郷廣興村中正一路278号。8時～20時。高鉄台中駅から「台湾好行渓頭線」バスで「廣興」下車、徒歩10分。

04 台中

●第六市場

台中市健行路1049号。金典緑園道商場(ショッピングモール)の3階。10時～21時。月曜休。向かいにSOGOあり。

●奉咖啡

国立台湾美術館の向かいにある忠信市場(五権西路一段67号)内。14時～22時(土・日13時～)。月曜休。忠信民藝は奉咖啡の斜め向かい。金・土・日曜のみ営業

●第二市場

台中市三民路二段87号。台湾大道と三民路の交差点。台鉄台中駅から徒歩12分。老賴茶棧は7時～18時。三代福州意麺は8時～18時半。水曜休。李海魯肉飯は16時～翌3時。水曜休。

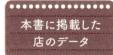

●天天饅頭
台湾大道一段336巷の路地を入る。9時～18時。月曜休。台湾大道と三民路の交差点近く。台中第二市場からすぐ。

05 嘉義

●檜意森活村

嘉義市林森東路1号。10時～18時。忠孝路と林森西路の交差点。阿里山鉄道北門駅に近い。

●屋子裡有甜點
嘉義市成仁街209号。13時半～18時半。木・金曜休。中山路と成仁街の交差点近く。

●台湾花磚博物館
嘉義市林森西路282号。10時～12時・14時～17時。月・火曜休。入場料50元。林森西路と民生北路の交差点近く。

●嘉義公園
台鉄嘉義駅から中山路をまっすぐに進み、突き当たり。高鉄嘉義駅からのBRTバス終点。台鉄嘉義駅からの距離は約3キロ。

●林聰明沙鍋魚頭
嘉義市中正路361号。14時～22時（土・日曜12時～）。台鉄嘉義駅から中正路をまっすぐに進み、文化路を越えた先。

●恩典方塊酥
嘉義市中山路221号。9時半～22時。台鉄嘉義駅から中山路をまっすぐに進み、成仁街を越えた先。

●洪雅書房
嘉義市長栄街116号。14時～21時半。忠孝路と長栄街の交差点近く。東市場から徒歩10分

●嘉義旧監獄（獄政博物館）
嘉義市維新路140号。ガイド案内（中国語）時のみ開放。一日数回。月曜と祝日休。林森東路と維新路の交差点近く。

●玉山旅社咖啡
嘉義市共和路410号。9時〜19時。阿里山鉄道北門駅の向かい。檜意森活村から徒歩3分。

06 台南

●石精臼蚵仔煎

台南市國華街三段182号。7時〜18時半。國華街と民族路の交差点近く。永楽市場の裏手。

●矮仔成蝦仁飯
台南市海安路一段66号。8時半〜19時半。火曜休。海安路と建安街の交差点近く。正興街エリアから徒歩10分。

●民族鍋焼老店
台南市赤崁東街2号。10時〜22時。月曜休。赤崁樓の右側路地(赤崁東街)を入ってすぐ。

●正興街
賑わっているエリアは國華路三段と海安路二段の間。小満食堂は11時〜21時。火・水曜休。正興咖啡館は9時〜19時(週末は〜21時)。泰成水果は14時半〜22時(週末は13時半〜21時半)。不定休。

●林百貨
台南市忠義路二段63号。11時〜22時。中正路と忠義路の交差点にある。台鉄台南駅から徒歩約15分

●新美街
金徳春老茶荘は9時〜20時。隆興亞鉛店は9時〜21時半、日曜休。赤崁璽樓は11時半〜14時半・17時半〜21時。鳳果冰舗は11時〜19時。火曜休。新協益紙行は8時〜21時。日曜休。舊來發餅舗は9時〜21時。

07 高雄

●港園牛肉麵
高雄市大成街55号。10時半〜20時。五福四路と大成街の交差点近く。MRT 鹽埕埔駅一番出口から愛河方面に進む。

●大溝頂市場
MRT鹽埕埔駅二番出口から新楽街を七賢三路方向へ進み、手前の小さな路地を入る。大溝頂虱目魚粥は5時半～13時半。三郎麵包廠は9時～18時。阿綿麻糬は10時半～18時半。

●金温州餛飩大王
高雄市新楽街163巷1号。14時～20時半（週末は11時半～）。MRT鹽埕埔駅二番出口から新楽街を七賢三路方向に進み、一つ目の小さな路地（163巷）を入ってすぐ。

●鴨肉珍
高雄市五福四路258号。10時～20時。火曜休。七賢三路と五福四路の交差点近く。「高雄銀座」の入口手前。

●萬先蒸籠店
高雄市五福四路299号と310号。五福四路と大安街の交差点近く。五福四路を挟んで店舗がある。

●高雄市打狗文史再興會
高雄市捷興二街18号。11時～16時。月曜休。MRT西子湾駅、LRT哈瑪星駅から徒歩2分。

●舊打狗驛故事館
MRT西子湾駅二番出口、LRT哈瑪星駅の隣り。10時～18時。月曜休。

●一二三（ひふみ）亭
高雄市鼓元街4号2F。10時～18時。MRT西子湾駅、LRT哈瑪星駅から徒歩2分。

●武徳殿
登山街と鼓波街の交差点近く。10時～18時。月曜休。MRT西子湾駅、LRT哈瑪星駅から登山街方向へ進んで徒歩10分。鼓山国民小学（小学校）の裏。

08 宜蘭

●北館市場

宜蘭駅を背にして右側の康楽路を進む。入口近くに「一香飲食店」と「四海居」がある。一香飲食店は5時半～17時半。四海居は9時～16時で月曜休。

●宜蘭設治紀念館

宜蘭市舊城南路力行3巷3号。9時～17時。月曜と毎月最終日休。入場料30元。

●西郷廳憲徳政碑

宜蘭河に架かる西門橋（中山橋）近くの土手の上にある。宜蘭設治紀念館から徒歩10分。西門橋には上がらず、下から環河路に向かう。

09 美濃

●合信興

美濃バスターミナルから中正路を南下し、永安路を右に曲がる。バスターミナルからは徒歩7分。6時～21時頃。

●軒味屋

高雄市美濃区中山路二段384号。10時～14時半。月曜休。高雄客運バス8025番「福安」バス停で下車すぐ。

●東門冰菓室

高雄市美濃区民族路20号。5時半～20時。不定休。東門樓から徒歩4分。レンタサイクルの利用が便利。

10 屏東線から南廻線、鉄道の旅

●池上一郎博士文庫

8時半～11時半、14時～16時半（週末と7月・8月は午前のみ）。月曜休館。竹田駅下車すぐ。

●新園汕頭牛肉爐

屏東観光夜市内。11時半～15時・17時～翌1時。毎月最終火・水曜休。復興路と民族路の交差点近く。路地の中にある。

●香夢園
屏東市勝義巷4号。11時半～21時。月曜休。屏東駅から中山路を進み、青島街を越える。徒歩15分。周囲には日本家屋が多く見られる。

●上好佳
屏東県潮州鎮建基路171号。10時～19時。潮州駅から潮州圓環（ロータリー）を目指し、ここから建基路を進むとすぐ。駅から徒歩10分。

●林耀輝草茶
8時～22時。上好佳からさらに建基路を少し進み、「三山國王廟」の境内にある。

●正老牌潮州冷熱冰
9時半～22時半。水曜休。潮州圓環（ロータリー）に面している。冷熱冰の店は二軒並んでいる。

●原味旗魚黒輪
屏東県潮州鎮延平路16号。12時～20時半。潮州ロータリーから延平路を進むとすぐ。

11 花東海岸公路バスの旅

●親不知子天空歩道

花蓮客運「新峯」バス停で下車。入口までは徒歩10分。

●好的擺
新東糖廠文化園區内。10時～18時。都蘭バス停からすぐ。

13 馬祖

●依嬷的店
連江県南竿郷牛角（復興）村72-1号。サイトあり。本数は限られるが、空港や港からバスあり。

●芹壁地中海民宿
連江県北竿郷芹壁村68号。レンタバイクの手配も可。サイトでの予約可（中国語のみ）。

●芹壁食屋

連江県北竿郷芹壁村82号。芹壁村の中山国民中学寄りの入口に近い。FBあり。

●青年民宿

南竿の津沙村と仁愛村に二軒ある。FBやサイトあり。レンタバイクもあり。本数は限られるが、空港や港からバスあり。

14 台北

●土生土長

台北市金山南路一段81-4号。11時～20時。MRT東門駅二番出口から金山南路を北に進む。徒歩5分。

●神農市場

台北市玉門街1号。11時～21時半(土・日曜10時半～)。MRT圓山駅一番出口から花博公園側へ進み、徒歩2分。

●楽埔滙農

台北市八徳路二段346巷3弄2号。9時～21時。MRT忠孝復興駅五番出口から徒歩10分。

●ASW Tea House

台北市迪化街一段34号2F。9時～18時。MRT北門駅三番出口から徒歩10分。永楽市場の向かい。

●1920s

台北市迪化街一段34号。9時半～19時。MRT北門駅三番出口から徒歩10分。永楽市場の向かい。

●來好

台北市永康街6巷11号。10時～21時半。MRT東門駅五番出口から麗水街を南下し、永康街6巷を左折。

●小日子商號

台北市羅斯福路四段52巷16弄13号。12時半～21時。MRT公館駅一番出口から羅斯福路を駅を背にして左へ進み、52巷を曲がる。左側の小さな路地を曲がるとすぐ。

あとがきにかえて

台湾を探究する面白さ

本書ではいくつかの土地を取り上げ、やや深く入り込むことで見られる「台湾の素顔」に触れてみた。こういったものを外国人旅行者という立場で体験するのは、一見ハードルが高いように見えるかもしれない。

しかし、台湾は一歩奥に踏み込めば、どんな人でもそのディープな魅力に触れられるという稀有な土地でもある。台湾の人々はおおむね気さくで、特に南部や地方都市では明るい性格の方によく出会う。サービス精神も旺盛で、困っている人がいれば、何かしら声をかけてくれることだろう。そして、何かを知りたい、何かを調べたいという気持ちが伝われば、精一杯、手を差し伸べてくれる。たとえ外国人であっても奥深いところまで入り込ませてくれるという「受容性」は想像するよりも大きいはずである。

私の周りには年に何度も台湾を訪れ、個性的な旅を楽しんでいる「台湾好き」が多い。彼らのテーマは千差万別で、ご当地グルメの食べ歩きだったり、日本統治時代の遺構探索であったり、リノベーション物件巡りだったり、原住民族の祭典や道教の行事を体験することだったりする。そして、旅の思い出をブログやSNSを用いて積極的に発信している。

こうしたディープな旅をしている人が必ずしも言語の達人というわけではなかったり

するのも興味深い。言葉ができない人でも、地元の人たちと仲良くなり、その後も友人関係を保っていることは少なくない。もちろん、台湾の人々の親切に頼りすぎたり、甘えたりするのは考えものなので、節度と良識をもって接したい。それでも、こういった出会いやご縁に満ち溢れていることは、やはり台湾の大きな魅力と言っていいだろう。

また、「日本語世代」と呼ばれる老人との出会いも忘れられない体験になるはずだ。彼らは日本の統治下、日本人として生まれ、育った人々である。波乱に満ちた戦前、そして、戦後の台湾を生き抜いてきた彼らは、まさに「生きた台湾史」そのものである。同時に、「日本の近現代史」でもある。残念ながら、こうした「先輩」たちとの出会いは年々減っているが、もし旅先で知り合う機会に恵まれたら、その出会いに感謝し、しっかりと噛みしめたいものである。

台湾社会の変化のスピードは想像以上に早く、どの土地も例外なく、めまぐるしい変化に晒されている。そして、台湾と日本の関係もまた、常に変容していることを忘れてはならないだろう。しかし、その一方で、台湾という風土を包み込む空気感や人々がもつ気質は、いつの時代も変わっていないように思えることもある。特に若い世代の台湾人は、こういった「変わらない何か」を自らのアイデンティティとして大切にしていこうという動きを見せている。

私自身、台湾について、日々「学ぶ楽しさ」を体験している。これはどんなに台湾暮らしが長くなっても、変わることはないだろう。言ってみれば、台湾は無限大の「知る喜び」に満ち溢れた土地であり、知れば知るほど「学ぶ楽しさ」に触れることができる島である。本書を通して、台湾を知り、学び、考える楽しさを読者の皆さんと分かち合えればと思う。

私たち夫婦がこれまで続けてきた取材や調査は、数えきれないほど多くの人々に支えられてきた。特に「日本語世代」と呼ばれる台湾のお年寄りたち、そして、台湾に生まれ、敗戦によって台湾を離れることを余儀なくされた「湾生」と呼ばれる日本人引揚者の方々に対しては、どんな言葉で感謝の気持ちを伝えればいいのか、未だに答えが見つからないほど、お世話になってきた。

残念ながら、この本をお見せできないままに、天国に旅立って行かれた方は少なくない。また、これからもこういった寂しい別れが待っているのも事実だが、すべてをしっかりと受け止め、台湾と日本を創ってきた先輩方に本書を捧げたいと思う。

最後に、本書刊行のきっかけを与えてくれた市橋栄一氏、編集を担当していただいた新井梓さんに心からお礼申しあげたい。

片倉佳史
片倉真理

●取材でお世話になった方々（敬称略）

汪仲傑、余政哲、連偉志、浦山尚弥、佐々木克典、ディママヴァン（ヨシコ）、パリプリプ（アキラ）、ファーウェンナ・カレ、ホミー、シキ・スフィン、鄭耀祖、鄭罕池、李英茂、工頭堅、陳朝強、楊岱宗、黄威勝、潘永祥、荘恵君、劉恵雯、曾毓英、郭秋燕、住安克人、故呉恵美、故カレ・ハウマオ、故蔡焜燦、故李清興、友愛グループ、台湾鉄路管理局、嘉義市政府、馬祖国家風景区、葳群廣告、旅飯、台湾漫遊倶楽部、杉中学、権田猛資、内海彰、辻井正房、古木圭介、古木謙三、高耀威、陳宏斌、内田直毅、陳記百果園（順不同）

また、取材先や旅先で親切にしてくださったすべての方々に心からの感謝の気持ちを伝えたい。

なお、本書は片倉真理、片倉佳史の取材成果をまとめたものである。本文の執筆は片倉真理、コラムほか、一部を片倉佳史が担当した。

プロフィール

片倉 真理（かたくら まり）

神奈川県横浜市生まれ。早稲田大学政治経済学部を卒業後、メーカー勤務を経て、1999年から台湾と関わる。機内誌や台湾に関する書籍やガイドブックの執筆や企画、女性誌の台湾特集のコーディネーターなどに携わる。台湾各地を訪ね歩く中で、台湾の自然や文化、歴史、風土に魅了され、夫の片倉佳史とともに日本語世代のお年寄りへの聞き取り調査や原住民族への取材・調査に取り組んでいる。著書に『在台灣，遇見一百分的感動～片倉真理 旅の手記』（台湾・夏日出版社）、台湾生活情報誌『悠遊台湾』（年刊）。共著に『台湾で日帰り旅 鉄道に乗って人気の街へ』（JTBパブリッシング）、『食べる指さし会話帳・台湾』（情報センター出版局）などがある。

片倉 佳史 （かたくら よしふみ）

1969年生まれ。早稲田大学教育学部卒業。台湾を学ぶ会（臺灣研究倶楽部）代表。台湾に残る日本統治時代の遺構を探し歩き、記録している。また、講演活動も盛んに行なっている。著書に『古写真が語る台湾 日本統治時代の50年』、『台湾に生きている日本』、『台湾に残る日本鉄道遺産』、『旅の指さし会話帳・台湾』など。

ウェブサイト台湾特捜百貨店　　http://katakura.net/

台湾探見　Discover Taiwan
ちょっぴりディープに台湾《フォルモサ》体験

2018年4月20日　第1刷発行

著　者……………片倉真理

写　真……………片倉佳史

発行者……………山本雅弘

発行所……………株式会社　ウェッジ
〒101-0052
東京都千代田区神田小川町一丁目3番地1
NBF小川町ビルディング 3階
TEL.03-5280-0528
FAX.03-5217-2661
http://www.wedge.co.jp/
振替00160-2-410636

装　幀……………鷺草デザイン事務所

組　版……………株式会社明昌堂

印刷・製本所 ……株式会社暁印刷

※定価はカバーに表示してあります。 ISBN978-4-86310-200-2 C0026